La España revolucionaria

Karl Marx

La España revolucionaria

Edición a cargo de Jorge del Palacio

Alianza editorial
El libro de bolsillo

Título original: *Revolutionary Spain*

Primera edición en «El libro de bolsillo»: 2009
Segunda edición: 2014

Diseño de colección: Estudio de Manuel Estrada con la colaboración de Roberto Turégano y Lynda Bozarth
Diseño de cubierta: Manuel Estrada
Fotografía de Juan Manuel Sanz

Calle Juan Ignacio Luca de Tena, 15;
28027 Madrid; teléfono 91 393 88 88
www.alianzaeditorial.es

ISBN: 978-84-206-8735-3
Depósito legal: M. 5.831-2014
Printed in Spain

Índice

9 Introducción
23 Nota bibliográfica

La España revolucionaria
31 Uno
44 Dos
55 Tres
64 Cuatro
74 Cinco
82 Seis
99 Siete
109 Ocho
121 Nueve

Anexos
139 Junta Central (borrador)
144 Fragmento inédito
151 Glosario

Introducción

La mayoría de las semblanzas que se han hecho de la vida de Karl Marx (1818-1883), sin duda uno de los pensadores políticos más influyentes de toda la historia, suelen olvidar con demasiada frecuencia su dedicación al periodismo. Sin embargo, buena parte de las revoluciones que jalonaron el siglo XIX encontraron en Marx un cronista político de excepción. Fue la necesidad de tener un medio para ganarse la vida lo que movió a Marx a abrazar el periodismo como profesión. Desde sus primeros artículos para el periódico liberal *Rheinische Zeitung (La Gaceta Renana),* allá por el año 1842, Marx cultivó un estilo periodístico vívido, directo y sin compromisos que supuso un verdadero quebradero de cabeza para las autoridades de la época. Aunque solía quejarse amargamente de que la necesidad de escribir artículos periodísticos le robaba tiempo y desviaba su atención de las cuestiones que realmente le interesaba investigar, lo cierto es que el periodismo procuró a Marx, amén de unos ingresos estables, la visibilidad y la notoriedad que no lograría en vida con muchas de sus obras más ambiciosas. Merced a esta reputación de gran polemista, Marx pudo poner su pluma al servicio de uno de los periódicos más importantes de su tiempo, el *New York Daily Tribune*.

El *New York Daily Tribune* fue fundado en 1841, y una década después ya contaba entre los periódicos más influyentes del mundo. Este éxito editorial se debía a que su fundador, Horace Greeley, supo vincular el ideario de su periódico con los intereses del progresismo americano. El periódico dedicó muchas líneas a la difusión del fourierismo, a la defensa del proteccionismo, a la lucha contra la esclavitud y la pena de muerte. De esta guisa, convirtió al *New York Daily Tribune* en un producto atractivo para la incipiente burguesía industrial americana. Otra de las claves del éxito del periódico estaba en la red de corresponsales que el *Tribune* tenía en el extranjero, red que satisfacía la sensibilidad progresista del periódico por los movimientos liberales del mundo. En 1848, año en que estalló un nuevo ciclo revolucionario en Europa, Charles Dana, director gerente del periódico, se encontraba en Alemania. Ese mismo año Dana conoció a Karl Marx en plena faena revolucionaria. Marx había dejado su exilio parisino para fundar en Colonia, junto a Engels, el *Neue Rheinische Zeitung (La Nueva Gaceta Renana),* un periódico que años más tarde, en 1914, Lenin definiría como el modelo nunca superado de órgano del proletariado revolucionario[1]. El objetivo del periódico no era otro que canalizar y dirigir la opinión radical alemana en las jornadas revolucionarias del 48. El nuevo periódico de Marx, como tantos de sus proyectos editoriales, tuvo un recorrido muy corto. *La Nueva Gaceta Renana* fue suprimida poco después de ser fundada y Marx resultó procesado por conspirar para derribar al Gobierno. Sin embargo, la actuación de Marx al frente del periódico impresionó tanto a Charles Dana que, en 1851, tres años después de haberle conocido, ofreció al revolucionario alemán la posibilidad de colaborar en el *New York Daily Tribune* con una serie de artículos sobre la situación política en Alemania tras las revoluciones de 1848.

Cuando Marx recibió la oferta de Charles Dana vivía ya en Londres. Su singladura al frente de *La Nueva Gaceta Renana* había terminado con una orden de expulsión dictada por el Gobierno prusiano, y tras un breve paso por París, donde se reencontró con su mujer e hijos, llegó a Inglaterra para fijar su residencia en Londres. La opinión que a Marx le merecía el *Tribune* no era muy positiva. Como contaba en una de sus cartas,

> so guisa de antiindustrialismo socialista filantrópico sismondiano, representa a los proteccionistas, esto es, a la burguesía industrial de América. Eso explica a su vez el secreto de

1. E. Wilson, *Hacia la estación de Finlandia. Ensayo sobre la forma de escribir y hacer historia,* Madrid, Alianza Editorial, 1972, pág. 206.

> por qué el *Tribune* a despecho de todos sus «ismos» y su charlatanería socialista puede ser el «periódico guía» en los Estados Unidos[2].

Sin embargo, la apretada situación económica por la que atravesaba no le permitía rechazar la propuesta de Dana. Los primeros años de Marx en Londres, que transcurrieron en el popular barrio del Soho, fueron especialmente duros. La falta de ingresos regulares, unida a su incapacidad para administrar los escasos recursos con los que contaba –defecto que acompañaría al filósofo alemán toda su vida–, colocaron a Marx y a los suyos al borde de la pobreza. Así las cosas, Marx, a quien los acreedores se le agolpaban a la puerta de casa exigiendo la satisfacción de las deudas contraídas, hizo buena la oferta y aceptó trabajar para el *Tribune*.

La relación entre el periódico neoyorquino y Karl Marx duraría diez años, en el curso de los cuales el pensador alemán publicó 487 artículos. Sus crónicas sobre política internacional fueron muy apreciadas, y solamente la coyuntura de la Guerra Civil estadounidense (1861-1865) forzó a la directiva del *Tribune* a prescindir de sus servicios. Merece la pena señalar que en su trabajo como corresponsal del *Tribune,* Marx contó con la inestimable ayuda que una vez más le brindó su compañero Friedrich Engels. No en vano,

2. D. McLellan, *Karl Marx. Su vida y sus ideas,* Barcelona, Crítica, 1983, p. 328.

la primera serie de artículos que el periódico encargó a Marx sobre la situación política en Alemania fueron escritos por Engels. La serie, que constaba de 18 entregas, fue muy celebrada, y se reimprimió durante años con el título de *Revolución y contrarrevolución en Alemania,* con Marx figurando como autor. Hoy sabemos que Engels –que, además, tradujo muchos de los trabajos de su amigo al inglés– escribió cerca de 125 de las crónicas que Marx firmó para el *Tribune.* A partir del éxito cosechado por estos artículos sobre Alemania, Marx fue invitado a escribir de manera regular sobre otros temas de la política mundial, entre ellos los avatares de la revolución liberal en España.

Marx comenzó sus artículos sobre la situación política española a raíz de la sublevación de junio de 1854 –conocida como «la Vicalvarada»– que provocó la caída del gabinete moderado y el inicio del llamado «Bienio Progresista» (1854-1856). Su interés por la política española fue más bien coyuntural. A principios de la década de 1850, Marx ya había madurado la idea de que la revolución proletaria dependía, única y exclusivamente, de un levantamiento contundente de la clase obrera francesa. Según su programa revolucionario, la sacudida del proletariado francés repercutiría necesariamente en los intereses de la burguesía inglesa, lo que empujaría a Inglaterra a embarcarse en una guerra a nivel mundial. Para Marx, toda guerra que implicase a Inglaterra y a su vasto imperio comercial era sinónimo de guerra mundial. Y sólo en un escenario bélico así, creía él, se daría la oportunidad para que el cartismo –el movimiento de los obreros ingleses– pudiera aspirar al poder. Tal era el programa de acción al que se dedicó tras el fracaso del ciclo revolucionario de 1848.

De la contribución a dicho programa revolucionario de países poco industrializados como España –al igual que de Italia o Portugal–, Marx esperaba más bien poco. Hágase notar que en 1868, cuando el pronunciamiento de Juan Prim precipitó la caída de Isabel II, Marx volvió a demostrar su escaso interés por difundir sus ideas en la Península. El filósofo había sido designado por el Consejo General de la Internacional para redactar un manifiesto dirigido a los revolucionarios españoles, pero dejó pasar el tiempo sin llegar nunca a escribirlo. Muy otra fue la reacción de Bakunin ante los mismos hechos. En cuanto tuvo noticia del inicio de la revolución española de 1868, el líder anarquista mandó como emisario a Giuseppe Fanelli para que organizase en España las secciones de la Asociación Internacional de los Trabajadores, a la par que los núcleos clandestinos de la bakuninista Alianza de la Democracia Socialista. Marx no tendría un emisario en España hasta 1871. Sería su yerno Paul Lafargue, quien, huido de la Comuna de París, dio a parar al sur de los Pirineos[3]. Un año después, el tipógrafo malagueño José Mesa publicaría en Madrid, en el pe-

3. J. Álvarez Junco, «La teoría política del anarquismo», en F. Vallespín (ed.), *Historia de la teoría política,* vol. IV, Madrid, Alianza Editorial, 2002, pp. 275-275.

riódico internacionalista *La Emancipación,* la primera traducción al español del *Manifiesto comunista.* Habían transcurrido 24 años desde su publicación original.

Por el contrario, quien sí tenía un interés especial en informar puntualmente de lo que ocurría en España era el *New York Daily Tribune.* El periódico, como bien apuntaba Marx, estaba estrechamente vinculado a la burguesía industrial norteamericana, cuyos intereses económicos pasaban, en gran medida, por la expansión comercial hacia el resto del continente americano. De aquí que los lectores estadounidenses apreciasen la información relativa al rumbo de la política en España, pues todo cambio en el gobierno de la metrópoli podía afectar directamente al futuro político de las colonias españolas en dicho continente. No es casualidad, por tanto, que el arco temporal en el que se inscriben los artículos que Marx escribió sobre España para el *Tribune* coincida plenamente con el del agitado Bienio Progresista.

En la década de 1850, cuando Marx comienza a escribir para el *Tribune,* Estados Unidos atravesaba un período de floreciente crecimiento económico y demográfico, cuyo único límite parecían ser los países fronterizos. México, que en 1821 había logrado su independencia de España, sería uno de los primeros en padecer el expansionismo norteamericano. Tras años de tensas negociaciones diplomáticas y conflictos armados, Estados Unidos conseguía, en virtud del tratado de Guadalupe-Hidalgo (1848), adquirir lo que andando el tiempo terminarían convirtiéndose en los estados de California, Utah, Nevada y Nuevo México. Aún más, en 1853 obtuvo de sus vecinos mexicanos otra generosa porción de tierras fronterizas selladas en la llamada «Compra de Gadsden». Años más tarde, Marx –quien valoraba positivamente el papel histórico de la burguesía como agente modernizador– publicó en el *Tribune* un artículo relativo a la conquista del norte de México por parte de los Estados Unidos, en el que su juicio sobre la política norteamericana no podía ser más favorable.

> En América hemos visto la conquista de México y nos hemos congratulado de ello. Es también un paso adelante que ese país, que hasta el presente se ocupaba sólo de sí mismo, desgarrado por interminables guerras civiles, y sin posibilidad de desarrollo alguno –un país cuya perspectiva más inminente era caer en el vasallaje industrial de Inglaterra–, sea empujado con fuerza a entrar en el movimiento histórico. Que en el futuro se coloque bajo la tutela de los Estados Unidos se halla en su propio interés. Está en el desarrollo de la América entera que los Estados Unidos reciban, mediante la posesión de California, el dominio de todo el Pacífico[4].

Marx estaba convencido de que la expansión del modo de producción capitalista y los valores burgueses a los países subdesarrollados bien valía la justifica-

4. P. Ribas, «Introducción», en Marx / Engels, *Manifiesto comunista,* Madrid, Alianza Editorial, 2004, pp. 22-23.

ción del tutelaje político o la conquista. Defendía que las potencias capitalistas ejercían una labor civilizadora sobre los países subdesarrollados: derrocaban monarquías absolutas, centralizaban la administración, introducían la economía de libre mercado y, para decirlo de una vez, barrían todos los vestigios de feudalismo para imponer una sociedad moderna. Y esto, en última instancia, allanaba el camino a una futura revolución del proletariado.

El primer artículo de Marx sobre la política española fue publicado por el *New York Daily Tribune* el día 19 de julio de 1854. El último, el 12 de junio de 1857. Entre ambas fechas, Marx escribió un total de 27 artículos relatando las vicisitudes de la revolución liberal en España. Entre todos ellos descuella, sin duda, la serie *La España revolucionaria* que aquí les presentamos.

La mayoría de los artículos de Marx sobre España ofrecían información puntual sobre el desarrollo de la revolución de 1854. Sin embargo, la serie *La España revolucionaria* responde a un intento deliberado de profundizar en la historia y la naturaleza de la revolución liberal en España con un conjunto de artículos pensados con principio y final. La serie es un proyecto que Marx acomete cuando ya había escrito diez artículos para el *Tribune* y da buena cuenta de su creciente interés por desarrollar de manera extensa la historia de las ideas e instituciones liberales en España. Podría objetarse que *La España revolucionaria* es un conjunto de textos sin conclusiones. El reproche podría estar justificado si atendemos a que es una serie incompleta: el proyecto pretendía abarcar todos los períodos revolucionarios de carácter liberal hasta el Bienio Progresista, pero se interrumpe tras analizar el Trienio Liberal. Sin embargo, en los escasos nueve capítulos que conservamos de la serie, Marx es capaz de ofrecer una lectura valiosa, y hasta cierto punto particular, de la revolución liberal española.

Dicho lo cual, lo que hace de *La España Revolucionaria* un documento de singular interés para el lector español no es su valor historiográfico, pues la faceta de Marx como historiador de los sucesos en España estuvo sometida a una doble limitación: primera, las limitaciones impuestas por las fuentes de las que dispuso en la British Library para el estudio del caso español; segunda, las limitaciones asociadas a la utilización de un enfoque comparado que interpretaba los hechos de la revolución liberal española a la luz de la historia francesa como el modelo, o paradigma, de madurez revolucionaria.

En cuanto a interés filosófico, cabe decir que el lector tampoco encontrará en *La España revolucionaria* la altura teórica que sí aparece en obras contemporáneas de Marx como *La lucha de clases en Francia* (1850) o *El dieciocho Brumario de Luis Bonaparte* (1852). Hecho que, dicho sea de paso, resulta compatible con afirmar que el análisis de la historia de España ofreció a Marx una buena ocasión para desarrollar sus ideas sobre el funcionamiento de sociedades ancladas en formas de producción precapitalista, o si se quiere, situadas en los márgenes del espacio de influencia del capitalismo occidental.

Entonces, ¿qué es lo que convierte a *La España revolucionaria* en una pieza de historia política interesante? Sin duda, su interés reside en la lectura en clave positiva que Marx realiza de la Constitución de 1812, lectura positiva del expediente liberal gaditano que no encontraría demasiado eco en la tradición obrera española, pero que sí volvería a ser puesta en valor desde una óptica marxista por Antonio Gramsci en sus célebres *Quaderni dal carcere,* ya en el siglo XX.

En sus reflexiones sobre la naturaleza de la Constitución de Cádiz, Karl Marx se hace cargo de la doble acusación que se había hecho contra ella. De una parte, la Constitución de 1812 había sido acusada de no ser más que una copia servil de la francesa de 1791, «trasplantada por unos visionarios al suelo español sin tener en cuenta las tradiciones históricas de España»; de otra parte, la Constitución de Cádiz fue igualmente atacada por quienes sostenían que los diputados gaditanos se habían aferrado «de un modo irrazonable a fórmulas caducas tomadas de los antiguos fueros y correspondientes a tiempos feudales».

Frente a esta doble, y en cierto modo paradójica, acusación Marx defenderá en *La España revolucionaria* la Constitución de Cádiz como «un producto original de la vida intelectual española», y lo hará utilizando una línea argumental en la que se adivina el eco de las ideas esgrimidas por el liberalismo español en defensa de sus nuevas instituciones[5]. En este sentido, en las páginas que siguen Karl Marx va a sostener que la libertad en España se ha fundado tradicionalmente sobre dos pilares –a saber, las Cortes y los ayuntamientos– y que la Constitución de 1812, al recoger, conservar y reorientar dichas instituciones hacia el cambio político, realiza un proyecto de regeneración política de gran valía por cuanto logra imprimir al texto constitucional un carácter revolucionario a la par que tradicional. Revolucionario, porque constituye un instrumento de innovación política que rompe con el Antiguo Régimen; tradicional, porque viene dado de un ejercicio de reinterpretación de la historia de las instituciones políticas españolas haciendo que éstas se adecuen a las exigencias de la política moderna.

En suma, el lector de *La España revolucionaria* encontrará en las páginas que siguen la respuesta a esa pregunta que tanto inquietaba a Marx:

> ¿Cómo explicar el curioso fenómeno de que la Constitución de 1812, anatematizada después por las testas coronadas de Europa reunidas en Verona como la más incendiaria invención del jacobinismo, brotara de la de la vieja España monástica y absolutista precisamente en la época en que ésta

5. Pedro Ribas ofrece un catálogo detallado de las obras que Marx utilizó en el British Museum para preparar sus artículos sobre España; en él destacan algunos autores españoles, como Jovellanos, Blanco-White o el conde de Toreno, entre otros. Para más información véase nota bibliográfica.

parecía consagrada por entero a sostener la guerra santa contra la revolución?

Nota sobre la presente edición

El texto que aquí les presentamos está basado en la traducción que la Editorial Progreso ofrece del mismo en su libro Marx/Engels, *La revolución en España,* Moscú, Progreso, 1978. Sin embargo, la serie de artículos que la editorial moscovita presentaba en dicho ejemplar bajo el título de *La España revolucionaria* resultó incompleta cuando el volumen I/13 de la nueva MEGA *(Marx/Engels Gesamtausgabe),* publicado en 1985, añadió a la serie un artículo, el noveno, inédito hasta el momento.

Según la nueva edición, Marx preparó siete artículos para la serie *La España revolucionaria,* y fueron los redactores del *Tribune* quienes los convirtieron en nueve al hacer del cuarto y del quinto cuatro artículos.

También se añade a los documentos relativos a la serie otro borrador, llamado «Junta Central», primera versión del tercer artículo de la serie. Ambos han sido traducidos e incorporados a la presente edición.

Del mismo modo, hemos aumentado y corregido las notas de la edición de Progreso, incorporando muchas de ellas al glosario que ofrecemos al final del texto.

Jorge del Palacio Martín
Universidad Rey Juan Carlos

Nota bibliográfica

En esta sección ofrecemos al lector una pequeña selección de referencias sobre la obra de Karl Marx, literatura a la que ha dado lugar y otras ediciones en las que podrán encontrar los textos sobre España.

Sobre las obras completas

La idea de ofrecer unas obras completas de Karl Marx se remonta a la década de 1920. El primer proyecto fue puesto en marcha por el estudioso ruso David Borisovich Riazanov –nombrado director del Instituto Marx-Engels de Moscú– bajo el nombre de *Historisch-kritische Marx-Engels-Gesamtausgabe,* más conocido como MEGA. El problema de este primer proyecto editorial radicaba en que sólo una pequeña parte de los escritos de Marx estaba en Moscú. Tras su muerte, acaecida en 1883, sus papeles fueron a parar a manos de Engels. Cuando éste muere en 1895, entrega sus propios manuscritos a Eduard Bernstein y August Bebel –ambos adscritos al SPD– y dispone que los de Marx sean entregados a sus hijas. Cuando tanto Eleanor Marx como Laura Lafargue fallecen, el grueso de los documentos de su padre pasa, también, a los archivos del SPD en Berlín. Riazanov contó con el permiso del SPD para visitar sus archivos de Berlín, pero el distanciamiento que se produce a partir de 1928 entre el Komintern y el SPD supone el fin del proyecto de la primera MEGA, de la que, finalmente, sólo se publicarían 13 de los 42 volúmenes inicialmente previstos. El proyecto de poner en marcha una nueva MEGA comenzó en torno a 1960, y, tras varios intentos fallidos, en 1990 se constituye la *Internationale Marx-Engels-Stiftung* (IMES), lo que propició que se comenzase a publicar la nueva *Marx-Engels Gesamtausgabe,* que está previsto que comprenda 114 volúmenes, 52 de los cuales ya han visto la luz.

Entre 1956 y 1968, el Comité Central del Partido Socialista Unificado de Alemania, que gobernaba en la República Democrática de Alemania, también acometió la tarea de publicar unas obras completas de Karl Marx. El resultado es la *Marx Engels Werke* (MEW), Berlín, Dietz (43 volúmenes), que, pese a su sesgo ideológico, pasa por ser una de las ediciones más citadas.

Finalmente, cabe mencionar que en España también hubo un intento de publicar las obras completas de Marx y Engels. El proyecto, dirigido por Manuel Sacristán y conocido como Karl Marx-Friedrich Engels, *Obras* (OME), Barcelona, Grijalbo, 1976, quedó incompleto.

Otras ediciones de los textos de Marx y Engels sobre España

MARX, C.: *La revolución española (1808-1814, 1820-1823 y 1840-1843).* Madrid, Cenit, 1929.

Con traducción a cargo de Andreu Nin, pasa por ser la primera realizada al español de los artículos de Marx sobre España para el *NYDT.* Sólo ofrece nueve artículos; el primero se titula «Espartero», haciendo referencia al período 1840-1843. Los restantes ocho pertenecen a la serie, todavía incompleta, de *La España revolucionaria.*

MARX, Karl, y ENGELS, Friedrich: *Revolución en España.* Caracas/Barcelona, Ariel, 1960.

Traducido del inglés y el alemán por Manuel Entenza (pseudónimo de Manuel Sacristán) y precedido de un valioso estudio por el mismo autor, ha sido objeto de múltiples reediciones por la editorial Ariel y constituye una de las versiones más populares de los textos de Marx y Engels sobre España. La versión ha quedado algo anticuada, aunque posee el valor histórico de ser uno de los primeros textos de Marx que se publicó legalmente bajo el franquismo.

MARX/ENGELS: *La revolución en España.* Moscú, Progreso, 1978.

Aunque algo anticuada y con un aparato crítico demasiado sesgado ideológicamente, sigue siendo una de las ediciones clásicas de los textos de Marx y Engels sobre España. Su valor estriba, sobre todo, en la cantidad de artículos que ofrece sobre España y sobre la I Internacional.

MARX, K., y ENGELS, F.: *Escritos sobre España. Extractos de 1854.* Madrid, Trotta/Fundación de Investigaciones Marxistas, 1998 (edición y traducción de Pedro Ribas).

Precedida por un cuidado estudio preliminar a cargo del editor, es una de las compilaciones más completas de los textos que Marx y Engels escribieron sobre España. Abarca 41 artículos, desde los primeros de 1854 hasta los últimos que dedicaron a la Primera República. Ofrece, sobre todo, las crónicas publicadas en medios norteamericanos, incluyendo tanto las enviadas al *NYDT* como las publicadas en *The New American Cyclopaedia,* entre otros.

MARX, K.: *Dispatches for the New York Tribune: Selected Journalism of Karl Marx.* Londres, Penguin Books Ltd, 2007 (edición de James Ledbetter).

Selección de algunos de los artículos más acabados que Marx escribió para el *NYDT*. Distribuidos temáticamente, son una valiosa visión de conjunto sobre el trabajo periodístico de Marx; también nos ofrece alguno de sus artículos sobre España. El libro viene precedido por un prefacio de Francis Wheen, biógrafo de Marx.

MARX, K.; ENGELS, F., y otros: *Construyendo el futuro. Correspondencia.* Madrid, Trotta, 1998 (traducción, edición e introducción a cargo de Santiago Castillo).
Resulta interesante mencionar aquí este volumen, que recoge la correspondencia epistolar entre Marx, Engels y algunos de los representantes más destacados del socialismo en España.

Sobre el itinerario biográfico de Marx

McLELLAN, D.: *Karl Marx. Su vida y sus ideas.* Barcelona, Crítica, 1983.
Sigue siendo, a pesar de los años, la síntesis más completa y acabada sobre la vida, el pensamiento y el itinerario político del filósofo alemán. Imprescindible.
WHEEN, F.: *Karl Marx.* Madrid, Debate, 2000.
Escrito en un estilo periodístico, resulta una manera fácil y amena, a la par que rigurosa, de acercarse al periplo vital de Karl Marx.

Sobre la teoría política de Marx y el marxismo

BERLIN, I.: *Karl Marx. Su vida y su entorno.* Madrid, Alianza Editorial, 2000.
Libro cuya escritura Berlin asumió por encargo, constituye una de las aportaciones más interesantes sobre el pensamiento de Karl Marx desde la óptica de la historia de las ideas.
BOBBIO, N.: *Ni con Marx ni contra Marx.* México, FCE, 2000.
Valiosa colección de artículos que abordan, principalmente, la cuestión del Estado y el derecho en el pensamiento marxista.
BOTTOMORE, T. B. (ed.): *Diccionario del pensamiento marxista.* Madrid, Tecnos, 1984.
Herramienta de trabajo de gran utilidad para un acercamiento riguroso a los conceptos de la teoría marxista. A caballo entre el diccionario y la enciclopedia, contiene más

de 250 entradas. En la obra se dan cita investigadores de primera talla, como Peter Burke, David Held o Moses Finley, entre otros muchos.

CRICK, B.: *Socialismo.* Madrid, Alianza Editorial, 1994.
Breve introducción a la historia y teoría del socialismo que muestra cuál ha sido el significado de esta ideología en cada contexto y las líneas de política práctica a las que ha dado lugar. Resulta un recurso muy útil para ubicar a Marx y su legado en la historia del socialismo.

ELSTER, J.: *Making Sense of Marx.* Cambridge, CPU, 1985.
Convertido en un clásico de la literatura marxista, se trata de una profunda y minuciosa relectura del pensamiento de Karl Marx que trata de poner en valor, como reseñó Bernard Crick, lo que está vivo y lo que está muerto en su teoría.

GILBERT, A.: *Marx's Politics: Communists and Citizens.* NJ, Rutgers University Press, 1981.
Se trata de una obra centrada en la trayectoria política de Karl Marx y que da cuenta de su relación con los partidos y las organizaciones obreras de su tiempo.

HOBSBAWM, E. J. (ed.): *Historia del marxismo.* Barcelona, Bruguera, 1979-1983 (8 vols.).
Aunque incompleta en su versión española, es una obra de referencia obligada sobre la génesis, desarrollo e interpretaciones del marxismo. Abarca desde los primeros pensadores socialistas hasta la III Internacional de la mano de colaboradores de primera fila, como el mismo Eric J. Hobsbawm, Pierre Villar o D. McLellan, entre otros.

KOLAKOWSKY, L.: *Las principales corrientes del marxismo.* Madrid, Alianza Editorial, 1985 (3 vols.).
Obra maestra y de referencia obligada para comprender el itinerario filosófico del marxismo. Abarca desde sus orígenes intelectuales hasta los representantes de la Escuela de Frankfurt, haciendo un profundo análisis de las diferentes lecturas a las que ha dado lugar la obra de Karl Marx.

La España revolucionaria

Uno

New York Daily Tribune,
9 de septiembre de 1854.

La revolución en España ha adquirido ahora tantos visos de situación permanente que, como nos informa nuestro corresponsal en Londres, las clases adineradas y conservadoras han comenzado a emigrar y a buscar seguridad en Francia. No es de extrañar; España jamás ha adoptado la moderna moda francesa, tan en boga en 1848, de comenzar y llevar a cabo una revolución en tres días. Sus esfuerzos en este terreno son complejos y más prolongados. Tres años parecen ser el tope de brevedad al que se constriñe, y, en ciertos casos, su ciclo revolucionario se prolonga hasta nueve. Así, su primera revolución en el presente siglo se extendió de 1808 a 1814; la segunda, de 1820 a 1823, y la tercera, de 1834 a 1843. Cuánto durará la presente, o qué resultado tendrá, es imposible que lo prediga ni el político más perspicaz; pero no es exagerado decir que no hay otra parte de Europa, ni siquiera Turquía y la guerra en Rusia[1], que ofrezca para el observador reflexivo un interés tan profundo como España en el presente momento.

Las insurrecciones son tan viejas en España como el gobierno de los favoritos de Palacio contra los cuales han ido usualmente dirigidas. Así, a finales del siglo XIV, la aristocracia se rebeló contra el rey Juan II y su valido don Álvaro de Luna. En el XV se produjeron conmociones más serias aún contra el rey Enrique IV y la cabeza de su camarilla, don Juan de Pacheco, marqués de Villena. En el siglo XVII, el pueblo de Lisboa despedazó a Vasconcellos, el Sartorius del virrey español en Portugal, lo mismo que hizo el de Barcelona con Santa Coloma, privado de Felipe IV. A finales del mismo siglo, durante el reinado de Carlos II, el pueblo de Madrid se levantó contra la camarilla de la reina, compuesta por la condesa de Berlepsch y los condes de Oropesa y de Melgar, que habían impuesto un arbitrio abusivo sobre todos los comestibles que entraban en la capital y cuyo producto se repartían entre ellos. El pueblo se dirigió al Palacio Real y obligó al rey a salir al balcón y a denunciar él mismo a la camarilla de la reina. Fue después a los palacios de los condes de Oropesa y Melgar, los saqueó, los incendió e intentó prender a sus propietarios, los cuales, sin embargo, tuvieron la buena suerte de escapar a costa de

1. Marx se refiere a la guerra de Crimea (1853-1856) entre Rusia y la coalición formada por Inglaterra, Francia, el reino de Cerdeña-Piamonte y el Imperio Otomano.

un destierro perpetuo. El acontecimiento que provocó el levantamiento insurreccional en el siglo XV fue el tratado alevoso que el favorito de Enrique IV, el marqués de Villena, había concluido con el rey de Francia, en virtud del cual Cataluña debía ser entregada a Luis XI. Tres siglos más tarde, el Tratado de Fontainebleau –concluido el 27 de octubre de 1807 entre Bonaparte y el valido de Carlos IV y favorito de la reina, don Manuel Godoy, Príncipe de la Paz, sobre el reparto de Portugal y la entrada de los ejércitos franceses en España– produjo una insurrección popular en Madrid contra Godoy, la abdicación de Carlos IV, la subida al trono de su hijo Fernando VII, la entrada del ejército francés en España y la subsiguiente Guerra de Independencia. Así, la Guerra de Independencia española comenzó con una insurrección popular contra la camarilla personificada entonces en don Manuel Godoy, lo mismo que la guerra civil del siglo XV se inició con el levantamiento contra la camarilla personificada en el marqués de Villena. Asimismo, la revolución de 1854 ha comenzado con el levantamiento contra la camarilla personificada en el conde de San Luis.

A despecho de estas repetidas insurrecciones, en España no ha habido hasta el presente siglo una revolución seria, a excepción de la guerra de la Junta Santa[2] en los tiempos de Carlos I, o Carlos V, como le lla-

2. Se trata de la revuelta de las Comunidades de Castilla (1520-1521), en la que varias ciudades castellanas se levantaron en coalición contra

man los alemanes. El motivo inmediato, como de costumbre, lo dio la camarilla, que, bajo los auspicios del virrey, cardenal Adriano, un flamenco, exasperó a los castellanos por su rapaz insolencia, por la venta de los cargos públicos al mejor postor y por el tráfico abierto con las sentencias judiciales. La oposición a la camarilla flamenca era sólo la sobrefaz del movimiento; en el trasfondo estaba la defensa de las libertades de la España medieval frente a las injerencias del moderno absolutismo.

La base material de la monarquía española había sido establecida por la unión de Aragón, Castilla y Granada bajo el reinado de Fernando el Católico e Isabel I. Carlos I intentó transformar esa monarquía, aún feudal, en una monarquía absoluta. La emprendió simultáneamente contra los dos pilares de la libertad española: las Cortes y los ayuntamientos. Aquéllas eran una modificación de los antiguos *concilia* góticos, y éstos, que habían perdurado casi sin interrupción desde los tiempos romanos, presentaban una mezcla del carácter hereditario y electivo propio de las municipalidades romanas. Desde el punto de vista de la autonomía municipal, las ciudades de Italia, Provenza, Galia septentrional, Gran Bretaña y parte de Alemania ofrecen clara similitud con el estado en que enton-

Carlos I en un intento de reforzar su poder y limitar el del monarca. La alusión de Marx a la Santa Junta hace referencia al nombre con el que se conocía popularmente el órgano que se arrogó el poder representativo de las ciudades. Oficialmente su nombre era «Cortes e Junta General del Reyno».

ces se hallaban las ciudades españolas; pero ni los Estados Generales franceses ni el Parlamento inglés de la Edad Media pueden ser comparados con las Cortes españolas. En la formación de la monarquía española se dieron circunstancias particularmente favorables para la limitación del poder real. De un lado, durante el largo pelear contra los árabes, la Península iba siendo reconquistada por pequeñas partes, que se constituían en reinos separados. Durante ese pelear se adoptaban leyes y costumbres populares. Las conquistas sucesivas, efectuadas principalmente por los nobles, otorgaban a éstos un poder excesivo, en tanto mermaban la potestad real. De otro lado, las ciudades y poblaciones del interior alcanzaron gran importancia debido a la necesidad en que las gentes se veían de residir en plazas fuertes, como medida de seguridad frente a las continuas incursiones de los moros; al mismo tiempo, la configuración peninsular del país y el constante intercambio con Provenza e Italia dieron lugar a la creación de ciudades comerciales y marítimas de primera categoría en las costas. En el siglo XIV, las ciudades constituían ya la parte más poderosa de las Cortes, las cuales estaban compuestas de representantes de aquéllas junto con los del clero y la nobleza. También merece la pena subrayar el hecho de que la lenta redención del dominio árabe mediante una lucha tenaz de cerca de ochocientos años dio a la Península, una vez emancipada por completo, un carácter muy diferente del que presentaba la Europa de aquel tiempo. España se vio, en la época de la resurrección europea, con las costumbres de los godos y de los vándalos en el norte, y de los árabes en el sur.

Cuando Carlos I volvió de Alemania, donde le había sido conferida la dignidad imperial, las Cortes se reunieron en Valladolid para tomarle juramento a los antiguos fueros y coronarlo[3]. Carlos se negó a comparecer y envió a representantes suyos que habían de recibir, según sus pretensiones, el juramento de lealtad de parte de las Cortes. Las Cortes se negaron a recibir a esos representantes y comunicaron al monarca que si no se presentaba ante ellas y no juraba los fueros del país, no sería reconocido jamás como rey de España. Carlos se sometió; se presentó ante las Cortes y prestó juramento, como dicen los historiadores, de muy mala gana. Con este motivo, las Cortes le dijeron: «Habéis de saber, señor, que el rey no es más que un servidor retribuido de la nación». Tal fue el principio de la hostilidad entre Carlos I y las ciudades. Como consecuencia de las intrigas reales, estallaron en Castilla numerosas insurrecciones, se constituyó la Junta Santa de Ávila y las ciudades convocaron la Asamblea de las Cortes en Tordesillas, las cuales, el 20 de octubre de 1520, dirigieron al rey una «protesta contra los abusos». Éste respondió privando de sus derechos personales a todos los diputados reunidos en Tordesillas. Así, la guerra civil se había

3. Aquí hay una inexactitud de Marx: las Cortes se reunieron antes de que Carlos fuera proclamado emperador (1519) y antes también de que fuera a Alemania para ser coronado (1520).

hecho inevitable. Los comuneros llamaron a las armas: sus soldados, mandados por Padilla, se apoderaron de la fortaleza de Torrelobatón, pero fueron derrotados finalmente el 23 de abril de 1521 por fuerzas superiores en la batalla de Villalar. Las cabezas de los principales «conspiradores» rodaron por el cadalso, y las antiguas libertades de España desaparecieron.

Diversas circunstancias se conjugaron a favor del creciente poder del absolutismo. La falta de unión entre las diferentes provincias privó a sus esfuerzos del vigor necesario; pero, sobre todo, Carlos utilizó el enconado antagonismo entre la clase de los nobles y la de los ciudadanos para debilitar a ambas. Ya hemos mencionado que desde el siglo XIV la influencia de las ciudades predominaba en las Cortes, y desde el tiempo de Fernando el Católico, la Santa Hermandad había demostrado ser un poderoso instrumento en manos de las ciudades contra los nobles de Castilla, que acusaban a éstas de intrusiones en sus antiguos privilegios y jurisdicción. Por lo tanto, la nobleza estaba deseosa de ayudar a Carlos I en su proyecto de suprimir la Junta Santa. Habiendo derrotado la resistencia armada de las ciudades, Carlos se dedicó a reducir sus privilegios municipales, con lo que decayeron rápidamente su población, riqueza e importancia y pronto se vieron privadas de su influencia en las Cortes. Carlos se volvió entonces contra los nobles, que le habían ayudado a destruir las libertades de las ciudades, pero que conservaban, por su parte, una influencia política considerable. Un motín en su ejército por falta de pagos le obligó en 1539 a reunir las Cortes para obtener una subvención. Pero las Cortes, indignadas por el mal empleo de los subsidios que le habían otorgado anteriormente en operaciones ajenas a los intereses de España, se negaron a concederle ninguno más. Carlos las disolvió, colérico; a los nobles que insistían en su privilegio de exención de impuestos les contestó que quienes reclamaban tal privilegio perdían el derecho a figurar en las Cortes y, en consecuencia, los excluyó de dicha asamblea. Esto fue un golpe mortal para las Cortes, y, desde entonces, sus reuniones se redujeron al desempeño de una simple ceremonia palaciega. El tercer elemento que constituía antiguamente las Cortes, a saber, el clero, alistado desde los tiempos de Fernando el Católico bajo la bandera de la Inquisición, había dejado de identificar sus intereses con los de la España feudal. Por el contrario, mediante la Inquisición, la Iglesia se había transformado en el más poderoso instrumento del absolutismo.

Si después del reinado de Carlos I la decadencia de España, tanto en el aspecto político como en el social, ha exhibido todos los síntomas de ignominiosa y lenta putrefacción que fueron tan repulsivos en los peores tiempos del Imperio turco, en los de dicho emperador las antiguas libertades fueron al menos enterradas en un sepulcro suntuoso. Eran los tiempos en que Vasco Núñez de Balboa hincaba la bandera de Castilla en las costas de Darién, Cortés en México y Pizarro en el

Perú; en que la influencia española tenía la supremacía en Europa, y la imaginación meridional de los iberos se encandilaba con la visión de Eldorados, de aventuras caballerescas y de una monarquía universal. Entonces desapareció la libertad española en medio del fragor de las armas, de los ríos de oro y de los tétricos resplandores de los autos de fe.

Pero ¿cómo podemos explicar el singular fenómeno de que, pasados casi tres siglos de dinastía de los Habsburgo, seguida de una dinastía borbónica –cualquiera de las dos harto suficiente para aplastar a un pueblo–, las libertades municipales de España sobrevivan en mayor o menor grado? ¿Cómo podemos explicar que precisamente en el país donde la monarquía absoluta se desarrolló en su forma más acusada antes que en todos los demás Estados feudales, jamás haya conseguido arraigar la centralización? La respuesta no es difícil. Fue en el siglo XVI cuando se formaron las grandes monarquías, que se erigieron en todas partes sobre la base de la decadencia de las clases feudales en conflicto: la aristocracia y las ciudades. Pero en los otros grandes Estados de Europa, la monarquía absoluta se presenta como un centro civilizador, como la iniciadora de la unidad social. Allí era la monarquía absoluta el laboratorio en que se mezclaban y trataban los distintos elementos de la sociedad hasta permitir a las ciudades trocar la independencia local y la soberanía medievales por el dominio general de las clases medias y la común preponderancia de la sociedad civil. En España, por el contrario, mientras la aristocracia se hundía en la decadencia sin perder sus privilegios más nocivos, las ciudades perdían su poder medieval sin ganar en importancia moderna.

Desde el establecimiento de la monarquía absoluta, las ciudades han vegetado en un estado de continua decadencia. No podemos examinar aquí las circunstancias, políticas o económicas, que han destruido en España el comercio, la industria, la navegación y la agricultura. Para nuestro actual propósito basta recordar simplemente el hecho. A medida que declinaba la vida comercial e industrial de las ciudades, se hacían más raros los intercambios internos y menos frecuentes las relaciones entre los habitantes de las distintas provincias, los medios de comunicación se fueron descuidando y los caminos reales quedaron gradualmente abandonados. Así, la vida local de España, la independencia de sus provincias y de sus municipios, la diversidad de su vida social, basada originalmente en la configuración física del país y desarrollada históricamente en función de las diferentes formas en que las diversas provincias se emanciparon de la dominación mora y crearon pequeñas comunidades independientes, se afianzaron y acentuaron finalmente a causa de la revolución económica que secó las fuentes de la actividad nacional. Y como la monarquía absoluta encontró en España elementos que por su misma naturaleza repugnaban a la centralización, hizo todo lo que pudo para impedir el crecimiento de intereses comunes derivados de la división nacional del trabajo y de la multiplicidad de los intercambios internos, única base sobre la cual puede crearse un sistema uniforme de administración y de aplicación de leyes generales. Así pues, la monarquía absoluta en España, que sólo por encima se parece a las monarquías absolutas europeas en general, debe ser clasificada más bien junto a las formas asiáticas de gobierno. España, como Turquía, siguió siendo una aglomeración de repúblicas mal administradas con un soberano nominal a su cabeza. El despotismo cambiaba de carácter en las diferentes provincias según la interpretación arbitraria que a las leyes generales daban virreyes y gobernadores; si bien el gobierno era despótico, no impidió que subsistiesen las provincias con sus diferentes leyes, costumbres, monedas, banderas militares de colores distintos y sus respectivos sistemas de contribución. El despotismo oriental sólo ataca a la autonomía municipal cuando ésta se opone a sus intereses directos, pero permite de buen grado la supervivencia de dichas instituciones en tanto que éstas le eximen del deber de hacer algo y le evitan la molestia de ejercer la administración con regularidad.

Así ocurrió que Napoleón, quien, como todos sus contemporáneos, consideraba a España un cadáver exánime, se llevó una sorpresa fatal al descubrir que, si el Estado español yacía muerto, la sociedad española estaba llena de vida y rebosaba, en todas sus partes, de fuerza de resistencia. Mediante el Tratado de Fontainebleau había llevado sus tropas a Madrid; atrayendo con engaños a la familia real a una entrevista en Bayona, había obligado a Carlos IV a anular su abdicación y, después, a transferirle sus poderes; al mismo tiempo había intimado a Fernando VII a hacer una declaración semejante. Conducidos Carlos IV, su reina y el Príncipe de la Paz a Compiègne y confinados Fernando VII y sus hermanos en el castillo de Valençay, Bonaparte confirió el trono de España a su hermano José, reunió una junta española en Bayona y la proveyó de una de sus Constituciones previamente preparadas. Al no ver nada vivo en la monarquía española, salvo la miserable dinastía que había puesto bajo llave, se sintió completamente seguro de que había confiscado España. Pero pocos días después de su golpe de mano recibió la noticia de una insurrección en Madrid. Cierto que Murat aplastó el levantamiento, matando a cerca de mil personas, pero cuando se supo esta matanza, estalló una insurrección en Asturias que muy pronto englobó a todo el reino. Debe subrayarse que este primer levantamiento espontáneo surgió del pueblo, mientras que las clases «bien» se habían sometido mansamente al yugo extranjero.

De esta forma se vio España preparada para su reciente actuación revolucionaria y se lanzó a las luchas que han marcado su desarrollo en el presente siglo. Los hechos e influencias que hemos indicado sucintamente siguen obrando en la formación de sus destinos y en la orientación de los impulsos de su pueblo. Los hemos presentado porque son necesarios, no sólo para apreciar la crisis actual, sino todo lo que ha hecho y sufrido España desde la usurpación napoleónica: un período hasta hoy de cerca de cincuenta años no carente de episodios trágicos y de esfuerzos heroicos; efectivamente, uno de los capítulos más emocionantes e instructivos de toda la historia moderna[4].

4. El *New York Daily Tribune* agregó la siguiente frase, que no era de Marx, al final del texto: «Confiemos en que lo que hoy está añadiendo a sus anales el pueblo español no resultará indigno y traerá frutos beneficiosos para él y para el mundo».

Dos

New York Daily Tribune,
25 de septiembre de 1854.

Hemos ofrecido ya a nuestros lectores una visión de conjunto de los albores de la historia revolucionaria de España, como medio para comprender y justipreciar los acontecimientos que esta nación presenta ahora a la observación del mundo. Aún más interesante y quizá igualmente valioso para comprender la situación presente es el gran movimiento nacional que acompañó a la expulsión de los Bonaparte y devolvió la corona española a la familia en cuyo poder sigue todavía. Mas, para valorar justamente ese movimiento, con sus episodios heroicos y muestras memorables de vitalidad de un pueblo considerado moribundo, hemos de remontarnos a los comienzos del asalto napoleónico a la nación española. La verdadera causa de todo ello fue puesta quizá por primera vez de manifiesto en el Tratado de Tilsit, concluido el 7 de julio de 1807 y que se dice fue completado por un convenio secreto que suscribieron el príncipe Kurakin y Talleyrand. Este convenio se insertó en la *Gaceta de Madrid* del 25 de agosto de 1812 y estipulaba, entre otras cosas, lo siguiente:

> *Art. I.* Rusia tomará posesión de la Turquía europea y extenderá sus posesiones en Asia tanto como crea conveniente.
> *Art. II.* La dinastía de Borbón en España y la Casa de Braganza en Portugal dejarán de reinar. Príncipes de la Casa Bonaparte recibirán ambas coronas.

Suponiendo que este convenio fuese auténtico –y su autenticidad es apenas discutida incluso en las memorias del rey José Bonaparte, recientemente publicadas–, constituiría la verdadera razón de la invasión francesa de España en 1808, y las conmociones españolas de aquel tiempo aparecerían ligadas con hilos invisibles a los destinos de Turquía.

Cuando, a consecuencia de la matanza de Madrid y de las transacciones de Bayona, estallaron insurrecciones simultáneas en Asturias, Galicia, Andalucía y Valencia, y un ejército francés ocupaba ya Madrid, Bonaparte tomó con falsos pretextos las cuatro plazas fuertes septentrionales de Pamplona, San Sebastián, Figueras y Barcelona; una parte del ejército español había sido trasladada a la isla de Funen con vistas a un ataque sobre Suecia; por último, todas las autoridades constituidas –militares, eclesiásticas, judiciales y administrativas–, así como la aristocracia, exhortaban al pueblo a someterse al intruso extranjero. Pero había una circunstancia que compensaba todas las dificultades de la situación. Gracias a Napoleón, el país se veía libre de su rey, de su familia real y de su gobierno. Así fueron rotas las trabas que en otro caso pudieran haber impedido al pueblo español desplegar sus energías innatas. Las vergonzosas campañas de 1794 y 1795[5] habían probado lo poco capaz que era de resistir a los franceses bajo el mando de sus reyes y en circunstancias ordinarias.

Napoleón conminó a las personalidades más distinguidas de España a entrevistarse con él en Bayona y recibir de sus manos un rey y una Constitución. Se presentaron con muy contadas excepciones. El 7 de junio de 1808, el rey José recibió en Bayona a una diputación de los Grandes de España, en nombre de los cuales el duque del Infantado, el amigo más íntimo de Fernando VII, le dirigió las siguientes palabras:

> Señor, los Grandes de España han sido celebrados en todo tiempo por su lealtad a su soberano, y V. M. hallará ahora la misma fidelidad y adhesión.

El Consejo Real de Castilla aseguró al pobre José que éste era «el retoño eminente de una familia destinada por el cielo mismo a reinar». No menos abyecta fue la enhorabuena del duque del Parque al frente de

5. Se alude a la guerra de la Convención entre España y la Francia revolucionaria (1793-1795). España, que actuaba en el seno de la Primera Coalición, terminó firmando por separado la Paz de Basilea (1795), en virtud de la cual reconocía a la República francesa.

una diputación del ejército. Al día siguiente, las mismas personas publicaban una proclama ordenando la sumisión general a la dinastía de los Bonaparte. El 7 de julio de 1808, la nueva Constitución era firmada por 91 españoles de la máxima distinción: entre ellos figuraban duques, condes y marqueses, así como varios superiores de órdenes religiosas. Durante las discusiones de esta Constitución, lo único que juzgaron digno de reconvenir fue la abolición de sus antiguos privilegios y exenciones. Integraban el primer ministerio y la primera casa real de José las mismas personas que habían constituido el ministerio y la casa real de Fernando VII. Algunos de las clases privilegiadas consideraban a Napoleón el regenerador providencial de España; otros, el único baluarte posible contra la revolución; pero nadie creía en la posibilidad de una resistencia nacional.

De este modo, desde el mismo comienzo de la Guerra de la Independencia, la alta nobleza y la antigua administración perdieron toda influencia sobre las clases medias y sobre el pueblo por haber desertado en los primeros días de la lucha. A un lado estaban los afrancesados, y al otro, la nación. En Valladolid, Cartagena, Granada, Jaén, Sanlúcar, La Carolina, Ciudad Rodrigo, Cádiz y Valencia, los miembros más eminentes de la antigua administración –gobernadores, generales y otros destacados personajes sospechosos de ser agentes de los franceses y un obstáculo para el movimiento nacional– cayeron víctimas del pueblo enfurecido. Las autoridades existentes fueron destituidas en todas partes. Unos meses antes del alzamiento, el 19 de marzo de 1808, las revueltas populares de Madrid perseguían la destitución del «Choricero» (apodo de Godoy) y sus odiosos satélites. Este objetivo fue conseguido ahora a escala nacional, y con ello la revolución interior se llevaba a cabo tal como anhelaban las masas y sin relacionarla con la resistencia al intruso. El movimiento, en su conjunto, más parecía dirigido *contra* la revolución que a *favor* de ella. Era al mismo tiempo nacional, por proclamar la independencia de España con respecto a Francia; dinástico, por oponer el «deseado» Fernando VII a José Bonaparte; reaccionario, por oponer las viejas instituciones, costumbres y leyes a las racionales innovaciones de Napoleón; supersticioso y fanático, por oponer la «santa religión» a lo que se denominaba ateísmo francés, o sea, a la destrucción de los privilegios especiales de la Iglesia romana. Los curas, a quienes aterrorizaba la suerte que habían corrido sus cofrades de Francia, instigaron las pasiones populares por instinto de conservación. «La llama patriótica –dice Southey– se vio avivada todavía más por el santo óleo de la superstición».

Todas las guerras de independencia sostenidas contra Francia tienen en común la impronta de la regeneración unida a la impronta reaccionaria; pero en ninguna parte tanto como en España. El rey aparecía en la imaginación del pueblo con la aureola de un príncipe novelesco agraviado y encarcelado por un bandolero gigante. Las épocas más fascinadoras y populares del pasado estaban envueltas en las tradiciones sagradas y milagrosas de la guerra de la cruz contra la media luna; y una gran parte de las clases inferiores estaba acostumbrada a vestir el hábito de los mendicantes y a vivir del santo patrimonio de la Iglesia. Un autor español, don José Clemente Carnicero, publicó entre los años 1814 y 1816 la siguiente serie de libros: *Napoleón, el verdadero Quijote de Europa; Sucesos principales de la gloriosa revolución de España; El justo restablecimiento de la Inquisición.* Es suficiente mencionar los títulos de las obras para comprender este aspecto de la revolución española que vemos en los diferentes manifiestos de las Juntas provinciales, todos los cuales clamaban en pro del rey, de la santa religión y de la patria, y algunos incluso decían al pueblo «que la salvación de su alma está en juego y en peligro inminente».

No obstante, si bien es verdad que los campesinos, los habitantes de los pueblos del interior y el numeroso ejército de mendigos, con hábito o sin él, todos ellos profundamente imbuidos de prejuicios religiosos y políticos, formaban la gran mayoría del partido nacional, este partido contaba, por otra parte, con una minoría activa e influyente para la que el alzamiento popular contra la invasión francesa era la señal de la regeneración política y social de España. Componían esta minoría los habitantes de los puertos de mar, de las ciudades comerciales y parte de las capitales de provincia donde, bajo el reinado de Carlos V, se habían desarrollado hasta cierto punto las condiciones materiales de la sociedad moderna. Los apoyaba la parte más culta de las clases superiores y medias –escritores, médicos, abogados e incluso clérigos–, para quienes los Pirineos no habían sido una barrera suficiente contra la invasión de la filosofía del siglo XVIII. Auténtica declaración de principios de esta facción es el célebre informe de Jovellanos sobre el mejoramiento de la agricultura y la ley agraria, publicado en 1795 y elaborado por orden del Consejo Real de Castilla. Existían también, en fin, los jóvenes de las clases medias, tales como los estudiantes universitarios, que habían adoptado ardientemente las aspiraciones y los principios de la Revolución Francesa y que, por un momento, llegaron a esperar que su patria se regeneraría con la ayuda de Francia.

Mientras no se tratara más que de la defensa común del país, la unidad de las dos grandes banderías del partido nacional era completa. Su antagonismo no apareció hasta que se vieron frente a frente en las Cortes, en el campo de batalla por la nueva Constitución que debían redactar. La minoría revolucionaria, con objeto de estimular el espíritu patriótico del pueblo, no dudó en apelar a los prejuicios nacionales de la vieja fe popular. Por muy ventajosa que pareciera esta táctica para los fines inmediatos de la resistencia nacional, no podía menos de ser funesta para dicha minoría cuando llegó el momento propicio de parapetarse los intereses conservadores de la vieja sociedad tras esos mismos prejuicios y pasiones populares con vistas a defenderse de los planes genuinos y ulteriores de los revolucionarios.

Cuando Fernando abandonó Madrid, sometiéndose a las intimaciones de Napoleón, dejó establecida una

Junta Suprema de gobierno presidida por el infante Don Antonio. Pero en mayo esta Junta había desaparecido ya. No existía ningún gobierno central, y las ciudades sublevadas formaron Juntas propias, subordinadas a las de las capitales de provincia. Estas Juntas provinciales constituían, en cierto modo, otros tantos gobiernos independientes, cada uno de los cuales puso en pie de guerra un ejército propio. La Junta de Representantes de Oviedo proclamó que toda la soberanía había ido a parar a sus manos, declaró la guerra a Bonaparte y envió a Inglaterra una diputación para concertar un armisticio. Lo mismo hizo más tarde la Junta de Sevilla. Es un hecho curioso que la mera fuerza de las circunstancias empujara a estos exaltados católicos a una alianza con Inglaterra, potencia que los españoles estaban acostumbrados a mirar como la encarnación de la herejía más condenable, poco mejor que el mismísimo Gran Turco. Atacados por el ateísmo francés, se arrojaron a los brazos del protestantismo británico. No es de extrañar que, al retornar a España, Fernando VII declarara, en el decreto restaurador de la Santa Inquisición, que una de las causas «que han perjudicado la pureza de la religión en España hay que buscarla en el hecho de la permanencia de tropas extranjeras pertenecientes a distintas sectas e inspiradas todas en un odio común a la Santa Iglesia romana».

Las Juntas provinciales, que habían surgido a la vida tan de repente y con absoluta independencia unas de otras, concedían cierta ascendencia, aunque muy leve e indefinida, a la Junta Suprema de Sevilla, por considerarse esta ciudad capital de España mientras Madrid permaneciera en manos del extranjero. De esta manera se estableció una forma muy anárquica de gobierno federal, al que los choques de intereses opuestos, los celos particularistas y las influencias rivales convirtieron en un instrumento bastante ineficaz para poner unidad en el mando militar y coordinar las operaciones de una campaña.

Los llamamientos que estas diferentes Juntas dirigieron al pueblo, si bien reflejaban todo el heroico vigor de un pueblo que ha despertado súbitamente de un letargo prolongado y a quien una sacudida eléctrica ha puesto en estado de febril actividad, no están exentos de esa exageración pomposa, de ese estilo en que se mezclan lo bufo y lo fatuo, y de esa grandilocuencia rimbombante que llevó a Sismondi a calificar de oriental la literatura española. Una muestra no menos elocuente de la vanidad infantil del carácter español es, por ejemplo, el que los miembros de las Juntas se confirieran el título de «alteza» y se vistieran con llamativos uniformes.

Hay dos circunstancias relacionadas con estas Juntas: una es muestra del bajo nivel del pueblo en la época de su alzamiento, mientras que la otra iba en menoscabo del progreso de la revolución. Las Juntas fueron elegidas por sufragio universal; pero «el celo de las clases bajas se manifestó en la obediencia». Generalmente elegían sólo a sus superiores naturales: nobles y personas de calidad de la provincia, respaldados por el clero, y rara vez a personalidades de la clase media. El pueblo era tan consciente de su debilidad que limitaba su iniciativa a obligar a las clases altas a resistir al invasor sin pretender participar en la dirección de esta resistencia. En Sevilla, por ejemplo, «el pueblo se preocupó, ante todo, de que el clero parroquial y los superiores de los conventos se reunieran para la elección de la Junta». Así, las Juntas se vieron llenas de gentes elegidas en virtud de la posición que antes ocupaban y muy distantes de ser jefes revolucionarios. Por otra parte, al detener su elección en estas autoridades, el pueblo no pensó en limitar sus atribuciones ni en fijar término a su gestión. Naturalmente, las Juntas sólo se preocuparon de ampliar las unas y de perpetuar la otra. Y así, estas primeras creaciones del impulso popular, surgidas en los comienzos mismos de la revolución, siguieron siendo durante todo su curso otros tantos diques de contención de la corriente revolucionaria cuando ésta amenazaba desbordarse.

El 20 de julio de 1808, cuando José Bonaparte entraba en Madrid, 14.000 franceses a las órdenes de los generales Dupont y Vidal se vieron obligados por Castaños a deponer las armas en Bailén; pocos días después, José tuvo que retirarse de Madrid a Burgos. Hubo otros dos acontecimientos que alentaron grandemente a los españoles: uno fue que el general Palafox hizo levantar a Lefebvre el sitio de Zaragoza, y el otro la llegada a La Coruña del ejército del marqués de la Romana, compuesto de 7.000 hombres que, a despecho de los franceses, habían embarcado en la isla de Funen para acudir en auxilio de su país.

Después de la batalla de Bailén, la revolución llegó a su apogeo, y el sector de la alta nobleza, que había aceptado la dinastía de los Bonaparte o se mantenía prudentemente a la expectativa, se decidió a adherirse a la causa del pueblo; lo cual representó para esta causa una ventaja muy dudosa.

Tres

New York Daily Tribune,
20 de octubre de 1854.

La división del poder entre las Juntas provinciales salvó a España de la primera embestida de la invasión francesa bajo Napoleón. Fue así no sólo porque dicha división multiplicó los recursos defensivos del país, sino también porque privó al invasor de un objetivo único para dar el golpe. Los franceses se desconcertaron por completo al descubrir que el centro de la resistencia española estaba en todas partes y en ninguna. Sin embargo, poco después de la capitulación de Bailén y de la evacuación de Madrid por José, se dejó sentir la necesidad general de establecer alguna clase de gobierno central. Pasados los primeros éxitos, las disensiones entre las Juntas provinciales se hicieron tan violentas que al general Castaños, por ejemplo, le costó muchos esfuerzos impedir que Sevilla atacara a Granada. El ejército francés, que, a excepción de las fuerzas del mariscal Bessières, se había replegado a la línea del Ebro en el mayor desorden, de suerte que, de haberlo hostigado enérgicamente, habría podido ser dispersado con facilidad u obligado al menos a rebasar la frontera, pudo así rehacerse y ocupar una posición sólida. Pero lo que levantó una protesta nacional contra las rivalidades de las Juntas y el cómodo *laissez-faire* de los jefes fue, sobre todo, la sangrienta represión de la insurrección de Bilbao[6] por el general Merlin. La urgencia de combinar las operaciones militares, el convencimiento de que Napoleón no tardaría en reaparecer al frente de un ejército victorioso sacado de las orillas del Niemen, del Oder y de las costas del Báltico, la ausencia de una autoridad general para concertar tratados de alianza con la Gran Bretaña u otras potencias extranjeras y para mantener el contacto con la América española y percibir sus tributos; la existencia en Burgos de un poder central francés y la necesidad de oponer un altar a otro altar fueron circunstancias que se conjugaron para obligar a la Junta de Sevilla a renunciar, aunque de mala gana, a su imprecisa y un tanto nominal supremacía y a proponer a las diversas Juntas provinciales que eligieran de su seno a dos representantes, reunidos todos los cuales se debería constituir una Junta Central, en tanto que las Juntas provinciales quedarían encargadas del gobierno interior de sus respectivas provincias, «pero supedita-

6. Este levantamiento contra los franceses se produjo en agosto de 1808. La insurrección fue aplastada por el general Merlin, cuyas tropas tomaron Bilbao al asalto.

das a la Junta Central». En consecuencia, la Junta Central, compuesta de treinta y cinco representantes de Juntas provinciales (treinta y cuatro de Juntas peninsulares y uno de las islas Canarias), se reunió en Aranjuez el 25 de septiembre de 1808, precisamente un día antes de que los potentados de Rusia y Alemania se postraran en Erfurt a los pies de Napoleón[7].

Los destinos de los ejércitos reflejan en circunstancias revolucionarias más aún que en las normales la verdadera naturaleza del poder civil. La Junta Central, encargada de arrojar del suelo español a los invasores, se vio obligada, ante los triunfos de las tropas enemigas, a retirarse de Madrid a Sevilla, y de Sevilla a Cádiz, para morir allí ignominiosamente. Su reinado llevaba la impronta de una vergonzosa sucesión de derrotas, del aniquilamiento de los ejércitos españoles y, finalmente, de la atomización de la resistencia regular en hazañas de guerrillas. Como dijo Urquijo, un noble español, a Cuesta, capitán general de Castilla, el 3 de abril de 1808:

> Nuestra España es un edificio gótico compuesto de trozos heterogéneos con tantos gobiernos, privilegios, leyes y costumbres como provincias. No tiene nada de lo que en Euro-

7. Se refiere al encuentro entre Napoleón y el zar Alejandro I, al que también asistieron algunos soberanos alemanes, que tuvo lugar en Erfurt del 27 de septiembre al 14 de octubre de 1808. El objeto de la entrevista era reforzar los acuerdos alcanzados en el Tratado de Tilsit (1807), por el cual Francia prometía ayudar a Rusia contra los turcos, y Rusia acordaba unirse al Bloqueo Continental contra Inglaterra.

> pa se llama espíritu público. Estas razones impedirán siempre que se establezca un poder central lo suficiente sólido para unir todas las fuerzas nacionales[8].

Así pues, la situación de España en la época de la invasión francesa implicaba las mayores dificultades imaginables para crear un centro revolucionario, y la composición misma de la Junta Central la incapacitaba para estar a la altura de la terrible crisis en que se vio el país. Excesivamente numerosa y elegida al azar para ejercer las funciones de gobierno ejecutivo, tenía al mismo tiempo muy pocos miembros para poder pretender desempeñar el papel de Convención Nacional. El solo hecho de que fueran delegados por las Juntas provinciales los inhabilitaba para vencer las inclinaciones ambiciosas, la mala voluntad y el caprichoso egoísmo de estas corporaciones. Las Juntas mencionadas, cuyos miembros, como ya hemos indicado en el artículo precedente, eran elegidos por regla general atendiendo a la posición que ocupaban en la antigua sociedad y no a su aptitud para crear una nueva, enviaron a su vez a la Junta Central a Grandes de España, prelados, títulos de Castilla, exministros, altos funcionarios y militares de elevada graduación, en lugar de los nuevos elementos surgidos de la revolución. Desde sus comienzos, la revolución española fracasó por esforzarse en conservar un carácter legitimista y respetuoso.

8. Marx cita de D. de Pradt, *Mémoires historiques sur la révolution d'Espagne,* París, 1816, p. 352 (MEGA I/13, p. 951).

Los dos miembros más eminentes de la Junta Central, en cuyo derredor se habían agrupado sus dos grandes banderías, fueron Floridablanca y Jovellanos, víctimas ambos de la persecución de Godoy, ambos exministros, valetudinarios y envejecidos en los hábitos rutinarios y formalistas del dilatorio régimen español, cuya lentitud solemne y circunstanciada se había hecho ya proverbial en tiempos de Bacon, quien exclamó una vez: «¡Ojalá me llegue la muerte de España, porque entonces me llegará muy tarde!».

Floridablanca y Jovellanos representaban un antagonismo perteneciente al período del siglo XVIII que precedió a la Revolución Francesa. El primero era un burócrata plebeyo; el segundo, un filántropo aristocrático. Floridablanca era partidario y ejecutor del despotismo ilustrado que representaban Pombal, Federico II y José II; Jovellanos era un «amigo del pueblo», al que esperaba elevar a la libertad mediante una sucesión de leyes económicas, aplicadas con la mayor prudencia, y por la propaganda literaria de doctrinas generosas. Ambos eran opuestos a las tradiciones del feudalismo, procurando el uno despejar el terreno al poder monárquico y tratando el otro de librar a la sociedad civil de sus trabas. El papel de cada uno de ellos en la historia de su país se ajustaba a la diversidad de sus opiniones. Floridablanca gozó de un poder supremo como primer ministro de Carlos III, y su gobierno se tornó despótico en la medida en que halló resistencia. Jovellanos, cuya carrera ministerial bajo Carlos IV fue de corta duración, conquistó su influencia sobre el pueblo español no como ministro, sino como sabio, no con decretos, sino con sus escritos. Floridablanca, cuando la borrasca de los tiempos lo puso a la cabeza de un gobierno revolucionario, era un anciano ochentón que sólo conservaba intactas la fe en el despotismo y la desconfianza en la acción espontánea del pueblo. Al ser enviado a Madrid como delegado, dejó en el Ayuntamiento de Murcia una protesta secreta en la que declaraba que sólo había cedido ante la fuerza y ante el temor de que el pueblo siguiese el camino de los asesinatos y que firmaba aquel documento con el objeto expreso de prevenir al rey José para que no le culpara nunca de haber aceptado el mandato popular. No contento con el retorno a las tradiciones de su madurez, rectificó aquellas medidas de su pasado ministerial que ahora le parecían demasiado audaces. Así, él, que había expulsado de España a los jesuitas[9], tan pronto como se vio instalado en la Junta Central hizo que se les autorizara el regreso «en calidad de particulares». Si algún cambio se había producido para él desde el período de su mando anterior, era únicamente el de que Godoy, que había desterrado y desposeído de su omnipotencia gubernamental al gran conde de Floridablanca, dejaba su puesto ahora a este mismo conde de Floridablanca, y se veía expulsado a su vez. Éste era el hombre al que la Junta Central eligió para pre-

9. Esta resolución fue adoptada a propuesta de Floridablanca, fiscal del Consejo Real de España, en 1767.

sidirla y al que la mayoría de la Junta reconoció por caudillo infalible.

Jovellanos, que dirigía la minoría más influyente de la Junta Central, había envejecido también y había perdido gran parte de sus energías en el largo y penoso encarcelamiento que le impusiera Godoy. Pero aun en sus mejores tiempos no había sido un hombre de acción revolucionaria, sino un reformador bienintencionado que, por excesivo reparo en los medios a emplear, jamás se habría atrevido a llevar las cosas hasta el fin. En Francia acaso habría llegado hasta donde Mounier o Lally-Tollendal, pero ni un paso más allá. En Inglaterra habría figurado como miembro popular de la Cámara de los Lores. En la España sublevada podía proporcionar ideas a la juventud llena de aspiraciones, pero prácticamente no podía competir ni aun con la tenacidad servil de un Floridablanca. No exento del todo de prejuicios aristocráticos y, por lo mismo, muy propenso, como Montesquieu, a la anglomanía, esta notable personalidad constituía la prueba de que si España había engendrado por excepción una mente capaz de grandes síntesis, sólo pudo hacerlo a costa de la energía individual que poseía únicamente para cometidos locales.

Cierto es que la Junta Central incluía a unos cuantos hombres –acaudillados por don Lorenzo Calvo de Rosas, delegado de Zaragoza–, los cuales, a la vez que adoptaban las ideas reformadoras de Jovellanos, incitaban a la acción revolucionaria. Pero eran demasiado pocos, y aún menos conocidos sus nombres, para que pudieran sacar del camino trillado del ceremonial español la lenta carreta estatal de la Junta.

Este poder, compuesto tan torpemente, constituido con tan poca energía, acaudillado por tales supervivientes decrépitos, estaba llamado a realizar una revolución y a vencer a Napoleón. Si sus proclamas eran tan enérgicas como débiles sus hechos, debíase al poeta don Manuel Quintana, al que la Junta tuvo el buen gusto de nombrar secretario y de confiarle la redacción de sus manifiestos.

Como los héroes presuntuosos de Calderón, que, confundiendo la distinción convencional con la grandeza genuina, solían anunciarse mediante una tediosa enumeración de todos sus títulos, la Junta se ocupó ante todo de decretar los honores y distinciones propios de su elevada posición. Su presidente recibió el título de «alteza»; los demás miembros, el de «excelencia», y a la Junta en pleno le fue reservado el de «majestad». Sus componentes adoptaron un vistoso uniforme parecido al de general. Adornaron sus pechos con insignias que representaban a ambos mundos y se asignaron emolumentos anuales de 120.000 reales. El que los jefes de la España en rebeldía se preocupasen, ante todo, de vestirse con trajes teatrales, a fin de entrar majestuosa y dignamente en la escena histórica de Europa, era una idea acorde con la vieja escuela española.

Rebasaríamos los límites de estos ensayos si penetráramos en la historia interna de la Junta Central y en los detalles de su administración. Para nuestro fin bastará con dar respuesta a dos preguntas. ¿Qué influencia ejerció la Junta en el desarrollo del movimiento revolucionario español? ¿Qué influencia tuvo en la defensa del país? Una vez contestadas estas dos preguntas, se explicarán muchos aspectos de las revoluciones españolas del siglo XIX que hasta ahora parecían misteriosos e inexplicables.

Desde el comienzo, la mayoría de la Junta Central tuvo por deber primordial sofocar los primeros arrebatos revolucionarios. Por eso volvió a poner la vieja mordaza a la prensa y designó a un nuevo Inquisidor General, al que por fortuna los franceses impidieron entrar en funciones. A pesar de que gran parte de los bienes inmuebles españoles estaban vinculados en «manos muertas» –en forma de mayorazgos y dominios inalienables de la Iglesia–, la Junta ordenó suspender la venta de estas fincas, que se había iniciado ya, amenazando incluso con anular los contratos privados sobre bienes eclesiásticos ya enajenados. La Junta reconoció la deuda nacional, pero no adoptó ninguna medida financiera para aliviar el presupuesto del cúmulo de cargas con que lo había agobiado una secular sucesión de gobiernos corrompidos, ni hizo nada para reformar su sistema tributario proverbialmente injusto, absurdo y oneroso, ni para abrir a la nación nuevas fuentes de trabajo productivo, rompiendo los grilletes del feudalismo.

Cuatro

New York Daily Tribune,
27 de octubre de 1854.

Ya en tiempos de Felipe V, Francisco Benito la Soledad decía: «Todas las desventuras de España proceden de los abogados». A la cabeza de la funesta jerarquía jurídica de España se hallaba el Consejo Real de Castilla. Surgido en los turbulentos tiempos de los Juanes y los Enriques, fortalecido por Felipe II, que descubrió en él un valioso complemento del Santo Oficio, había aprovechado las calamidades de los tiempos y la debilidad de los últimos reyes para usurpar y acumular en sus manos las más heterogéneas atribuciones y añadir a sus funciones de tribunal supremo las de legislador y superintendente administrativo de todos los reinos de España. De este modo ganó en potestad al mismo Parlamento francés, al que se asemejaba en muchos aspectos, salvo el de que nunca se ponía del lado del pueblo. Habiendo sido la autoridad más poderosa de la vieja España, el Consejo Real tenía que ser naturalmente el enemigo más implacable de una España nueva y de todas las autoridades populares recién constituidas que amenazaban con mermar su influencia suprema. Como gran dignatario de la orden de los abogados y garantía fehaciente de todos sus abusos y privilegios, el Consejo disponía naturalmente de todos los numerosos e influyentes intereses encomendados a la jurisprudencia española. Era, por tanto, un poder con el que la revolución no podía llegar a ningún compromiso: había que barrerlo o permitir que él barriese a la revolución. Como hemos visto en uno de los artículos anteriores, el Consejo se había vendido a Napoleón, y con este acto de traición había perdido toda su influencia sobre el pueblo. Pero el día en que la Junta Central se hizo cargo del poder, fue lo bastante necia para comunicar al Consejo su constitución y pedirle que le prestara juramento de fidelidad, declarando que, después de tomárselo, enviaría la misma fórmula de juramento a todas las demás autoridades del reino. Este paso irreflexivo, censurado en voz alta por todo el partido revolucionario, persuadió al Consejo de que la Junta Central necesitaba su apoyo. El Consejo no tardó en abandonar su timidez y, tras fingidos titubeos de varios días, declaró de mala gana su sumisión a la Junta, agregando a su juramento, como expresión de sus escrúpulos reaccionarios, la recomendación de que la Junta se disolviera, reduciendo el número de sus miembros a tres o cinco, con arreglo a la Ley 3, Partida 2, Título 15, y ordenara la disolución forzosa de las Juntas provinciales. Después de que los franceses volvieran a Madrid y disolvieran el Consejo Real, la Junta Central, no satisfecha con su primer desatino, cometió la insensatez de resucitarlo, creando el Consejo Reunido, que no era más que la unión del Consejo de Castilla con todas las demás supervivencias de los antiguos Consejos reales. De este modo, la Junta creó por propia iniciativa un poder central para la contrarrevolución, poder que, al rivalizar con el suyo, nunca cesó de molestarle y contrarrestar sus actividades con intrigas y conspiraciones, tratando de inducirla a adoptar las medidas más impopulares para denunciarla después con ademanes de virtuosa indignación y exponerla a la cólera y al desprecio del pueblo. Huelga casi decir que con haber reconocido primero y restaurado después el Consejo Real, la Junta Central no pudo reformar nada ni en la organización de los tribunales españoles ni en su legislación civil y criminal, más defectuosa aún.

No obstante el predominio de los elementos nacionales y religiosos en la insurrección española, durante los dos primeros años existió una tendencia a las reformas sociales y políticas muy acusada, como lo prueban todos los manifiestos de las Juntas provinciales de aquella época, que, aun formadas, como lo estaban en su mayoría, por las clases privilegiadas, nunca se olvidaban de condenar el Antiguo Régimen y de prometer reformas radicales. El hecho lo prueban asimismo los manifiestos de la Junta Central. En el primero que hizo a la nación, con fecha del 26 de octubre de 1808, se dice:

Una tiranía de veinte años, ejercida por personas de lo más incapaces, ha colocado a la nación al borde mismo del precipicio; el pueblo se había separado de su gobierno con odio y desprecio. Oprimido y humillado, desconociendo su propia fuerza y no hallando protección contra los males del gobierno en las instituciones ni en las leyes, el pueblo ha tenido hace poco la dominación extranjera por menos odiosa que la funesta tiranía que lo abrumaba. El dominio de una voluntad, siempre caprichosa y las más de las veces injusta, ha durado demasiado; demasiado tiempo se ha abusado de la paciencia del pueblo, de su amor al orden y de su generosa lealtad; ya era hora de que se pusieran en vigor leyes beneficiosas para todos. En todos los terrenos se necesitan, además, reformas. La Junta constituirá diversas comisiones, cada una de las cuales desempeñará un cometido determinado y a las cuales se podrán dirigir los escritos referentes a asuntos de gobierno y administración[10].

En el manifiesto fechado en Sevilla el 28 de octubre de 1809, la Junta decía:

Un despotismo degenerado y caduco preparó el camino a la tiranía francesa. Dejar sucumbir el Estado en los viejos abusos sería un crimen tan monstruoso como entregarlo en manos de Bonaparte[11].

10. Marx cita de Robert Southey, *History of Peninsular War,* Londres, 1823-1832. Vol. I, p. 634 (MEGA I/13, p. 952).
11. Marx cita de Robert Southey, *op. cit.* Vol. II, pp. 497-498 (MEGA I/13, p. 953).

Parece ser que en la Junta Central existía una originalísima división del trabajo: al partido de Jovellanos se le permitía proclamar y protocolizar las aspiraciones revolucionarias de la nación, y el partido de Floridablanca se reservaba el placer de darles un rotundo mentís y de oponer a la ficción revolucionaria la realidad contrarrevolucionaria. Para nosotros, sin embargo, lo importante es probar, basándonos en las confesiones mismas de las Juntas provinciales ante la Central, el hecho frecuentemente negado de la existencia de aspiraciones revolucionarias en la época de la primera insurrección española.

De la influencia ejercida por los representantes de la Junta Central en las diversas provincias a que fueron enviados, puede deducirse cómo la Junta Central aprovechó las oportunidades que, para hacer reformas, le proporcionaban la buena voluntad de la nación, la presión de los acontecimientos y la presencia de un peligro inmediato. Un autor español nos dice ingenuamente que la Junta Central, no rebosante de capacidades, tuvo buen cuidado de retener en el centro a los miembros más eminentes y de enviar a la periferia a los que no valían para nada. Estos delegados fueron investidos de la facultad de presidir las Juntas provinciales y representar a la Junta Central con la plenitud de sus atribuciones. Para citar sólo algunos ejemplos de su actuación, hablaremos del general De la Romana, al que los soldados españoles solían llamar el «marqués de las Romerías», por sus perpetuas marchas y contramarchas (no entablándose combate nunca salvo cuando daba la casualidad de que él estaba ausente). Este general, al ser arrojado de Galicia por Soult, entró en Asturias como delegado de la Junta Central. Su primer acto consistió en enemistarse con la Junta provincial de Oviedo, cuyas medidas, enérgicas y revolucionarias, habían despertado el odio de las clases privilegiadas contra ella. Llevó las cosas hasta el extremo de disolver la Junta y sustituir a sus miembros por personas de su antojo. Informado el general Ney de estas disensiones surgidas en una provincia que había ofrecido una resistencia general y unánime a los franceses, lanzó al momento sus fuerzas contra Asturias, arrojó de allí al «marqués de las Romerías», entró en Oviedo y lo saqueó durante tres días. Cuando los franceses evacuaron Galicia a fines de 1809, nuestro marqués y delegado de la Junta Central entró en La Coruña, concentró en sus manos toda la autoridad, suprimió las Juntas de distrito que se habían multiplicado con la insurrección y las reemplazó por gobernadores militares; amenazó a los miembros de dichas Juntas con perseguirlos y persiguió efectivamente a los patriotas, manifestando extraordinaria benevolencia hacia todos los que habían abrazado la causa del invasor y procediendo en todos los demás aspectos como un majadero nocivo, incapaz y caprichoso. ¿Y cuáles habían sido los errores de las Juntas provinciales y regional de Galicia? Estas Juntas habían ordenado un reclutamiento general sin excepciones para clases ni personas, habían impuesto tributos a los capitalistas y propietarios, habían reducido los sueldos de los funcionarios públicos y habían ordenado a las congregaciones religiosas que pusieran a su disposición los caudales guardados en sus arcas; en una palabra, habían adoptado medidas revolucionarias. Desde la llegada del glorioso «marqués de las Romerías», Asturias y Galicia, las dos regiones que más se habían distinguido por su unánime resistencia a los franceses, se quedaban al margen de la Guerra de la Independencia, dado que no se veían amenazadas por un peligro inmediato de invasión.

En Valencia, donde parecieron abrirse nuevos horizontes mientras se dejaba al pueblo entregado a sí mismo y a los jefes elegidos por él, el espíritu revolucionario se vio quebrantado por la influencia del Gobierno central. No contenta con colocar a esta provincia bajo el generalato de un don José Caro, la Junta Central envió como delegado «propio» al barón de Labazora. Este barón culpó a la Junta provincial de haberse resistido a ciertas órdenes superiores y anuló el decreto por el que aquélla había suspendido sensatamente los nombramientos para las canonjías, prebendas y beneficios eclesiásticos vacantes con el fin de destinar los respectivos haberes a los hospitales militares. Ello motivó acaloradas disputas entre la Junta Central y la de Valencia. A esto se debió más tarde el letargo de Valencia bajo la administración liberal del mariscal Suchet. De ahí el entusiasmo con que proclamó a Fernando VII a su regreso, oponiéndolo al Gobierno revolucionario de entonces.

En Cádiz, que era lo más revolucionario de España en aquella época, la presencia de un delegado de la

Junta Central, el estúpido y engreído marqués de Villel, provocó una insurrección el 22 y 23 de febrero de 1809 que, de no haber sido desviada a tiempo hacia el cauce de la Guerra de la Independencia, habría tenido las más desastrosas consecuencias.

No existe mejor prueba del albedrío manifestado por la Junta Central en la designación de sus delegados que el ejemplo del señor Lozano de Torres, emisario enviado a Wellington. Dicho señor, al mismo tiempo que se deshacía en adulaciones serviles ante el general inglés, comunicaba secretamente a la Junta que las quejas del general respecto a la escasez de víveres eran del todo infundadas. Wellington descubrió la doblez de este truhán y lo arrojó ignominiosamente de su campamento.

La Junta Central estaba en las más favorables condiciones para llevar a cabo lo que había proclamado en uno de sus manifiestos a la nación española: «Ha determinado la Providencia que en esta terrible crisis no podáis dar un paso hacia la independencia sin darlo al mismo tiempo hacia la libertad». Al comienzo de la actuación de la Junta, los franceses no dominaban ni siquiera la tercera parte del país. Las antiguas autoridades estaban o ausentes o postradas a sus pies, por hallarse en connivencia con el invasor, o se disolvían a la primera orden suya. No había reforma social conducente a transferir la propiedad y la influencia de la Iglesia y de la aristocracia a la clase media y a los campesinos que no pudiese llevarse a cabo alegando la defensa de la patria común. Había cabido a la Junta

Central la misma suerte que al Comité de Salud Pública francés, es decir, la coincidencia de que la convulsión interior se veía apoyada por las necesidades de la defensa contra las agresiones del exterior. Además, tenía ante sí el ejemplo de la audaz iniciativa a que ya habían sido forzadas ciertas provincias por la presión de las circunstancias. Pero no satisfecha con actuar como un peso muerto sobre la revolución española, la Junta Central laboró realmente en sentido contrarrevolucionario, restableciendo las autoridades antiguas, volviendo a forjar las cadenas que habían sido rotas, sofocando el incendio revolucionario en los sitios en que estallaba, no haciendo ella nada e impidiendo que los demás hicieran algo. Durante la permanencia de ésta en Sevilla, hasta el Gobierno conservador inglés juzgó necesario dirigirle el 20 de julio de 1809 una nota, protestando enérgicamente de su rumbo contrarrevolucionario por «temor de que eso pudiera ahogar el entusiasmo público». Se ha hecho notar en alguna parte que España sufrió todos los males de la revolución sin adquirir pujanza revolucionaria. De haber algo de cierto en esta observación, ello constituye una abrumadora condena de la Junta Central.

Nos ha parecido muy necesario extendernos sobre este punto porque su importancia decisiva jamás ha sido comprendida por ningún historiador europeo. Sólo bajo el poder de la Junta Central era posible unir las realidades y las exigencias de la defensa nacional con la transformación de la sociedad española y la emancipación del espíritu nacional, sin lo cual toda constitución política tiene que desvanecerse como un fantasma al menor contacto con la vida real. Las Cortes se vieron situadas en condiciones diametralmente opuestas. Acorraladas en un punto lejano de la Península y separadas durante dos años del núcleo fundamental del reino por el asedio del ejército francés, representaban una España ideal, en tanto que la España real se hallaba ya conquistada o seguía combatiendo. En la época de las Cortes, España se encontró dividida en dos partes. En la Isla de León, ideas sin acción; en el resto de España, acción sin ideas. En la época de la Junta Central, por el contrario, se necesitaron una debilidad, una incapacidad y una mala voluntad singulares por parte del Gobierno supremo para trazar una línea divisoria entre la Guerra de Independencia y la revolución española. Por consiguiente, las Cortes fracasaron, no como afirman los autores franceses e ingleses porque fueran revolucionarias, sino porque sus predecesores habían sido reaccionarios y habían dejado pasar el momento oportuno para la acción revolucionaria. Los autores españoles modernos, ofendidos por las críticas anglofrancesas, se han mostrado, sin embargo, incapaces de refutarlas y se ofenden hasta ahora de la chanza del abate de Pradt: «El pueblo español se asemeja a la mujer de Sganarelle, la cual quería que la apaleasen».

Cinco

New York Daily Tribune,
30 de octubre de 1854.

La Junta Central fracasó en la defensa de su país porque fracasó en su misión revolucionaria. Consciente de su propia debilidad, de la inestabilidad de su poder y de su extremada impopularidad, ¿cómo podía hacer frente a las rivalidades, a las envidias y a las exageradas pretensiones de sus generales, comunes a todas las épocas revolucionarias, sino mediante argucias indignas e intrigas mezquinas? Presa, como se hallaba, de un temor y de una desconfianza constantes de sus propios jefes militares, podemos dar crédito absoluto a Wellington cuando escribía a su hermano, el marqués de Wellesley, el 1 de septiembre de 1809:

> Por lo que he visto en los procedimientos de la Junta Central, mucho me temo que la distribución de sus fuerzas no atienda tanto a la defensa militar y a las operaciones de guerra como a las intrigas políticas y al logro de fines políticos insignificantes.

En las épocas revolucionarias, en que se relajan todos los lazos de subordinación, la disciplina militar sólo puede ser restablecida haciendo sentir a los generales todo el peso de la disciplina civil. Como la Junta Central, a causa de su composición absurda, no logró nunca subordinar a los generales, éstos no pudieron nunca subordinar a los soldados, y hasta el fin de la guerra el ejército español no alcanzó un nivel medio de disciplina y subordinación. Esta insubordinación se mantuvo por la falta de víveres, indumentaria y todos los demás requisitos materiales de un ejército, pues la moral de un ejército –empleando las palabras de Napoleón– depende por completo de su estado material. La Junta Central no podía abastecer regularmente al ejército porque para eso no servían los manifiestos del pobre poeta Quintana y, para dar fuerza coercitiva a sus decretos, habría tenido que recurrir a las mismas medidas revolucionarias que condenara en provincias. El mismo reclutamiento general sin reparar en privilegios ni exenciones y la facilidad brindada a todos los españoles para obtener cualquier graduación militar fueron obra de las Juntas provinciales y no de la Junta Central. Si las derrotas del ejército español eran, pues, debidas a la incapacidad contrarrevolucionaria de la Junta Central, estos desastres venían a su vez a aumentar el estado de depresión en que se encontraba el Gobierno, y, al hacerlo objeto del desprecio y del recelo populares, aumentaban la dependencia en que se encontraba de unos jefes militares presuntuosos, pero ineptos.

El ejército regular español, aunque derrotado en todas partes, se presentaba en cualquier sitio. Dispersado más de veinte veces, siempre aparecía dispuesto a hacer de nuevo frente al enemigo y a menudo reaparecía con renovadas fuerzas después de una derrota. De nada valía derrotarle, porque, presto a la huida, sus bajas solían ser pocas, y, en cuanto a la pérdida de terreno, le tenía sin cuidado. Retirábase en desorden a las sierras, volvía a reunirse y reaparecía indefectiblemente cuando menos lo esperaban, robustecido con nuevos refuerzos y en condiciones, si no de resistir a los ejércitos franceses, al menos de tenerlos en continuo movimiento y de obligarles a diseminar sus fuerzas. Más afortunados que los rusos, los españoles no tuvieron siquiera necesidad de morir para resucitar de entre los muertos.

La desastrosa batalla de Ocaña del 19 de noviembre de 1809 fue la última batalla campal que los españoles dieron en orden. A partir de entonces se limitaron a la guerra de guerrillas. El mero hecho del abandono de las operaciones regulares demuestra que los organismos locales de gobierno eclipsaron a los centrales. Al generalizarse los desastres del ejército regular, se generalizaron también las partidas, y las masas populares, sin conceder apenas importancia a las derrotas nacionales, se entusiasmaron con los éxitos locales de sus héroes. En este punto al menos, la Junta Central compartía las ilusiones populares. En la *Gaceta* se insertaban relaciones más detalladas de una acción de guerrillas que de la batalla de Ocaña.

Del mismo modo que Don Quijote hacía frente a la pólvora con su lanza, así hicieron frente las guerrillas a Napoleón, sólo que con diferente resultado. «Estas guerrillas –dice la *Gaceta Militar* austríaca (tomo I, 1821)– tenían, por decirlo así, su base en ellas mismas, y toda operación dirigida contra ellas terminaba en la desaparición de su objetivo.»

Es necesario distinguir tres períodos en la historia de la guerra de guerrillas. En el primer período, la población de provincias enteras tomó las armas y se lanzó a acciones de guerrillas, como en Galicia y Asturias. En el segundo período, partidas formadas con los restos del ejército español, con españoles que desertaban del ejército francés, con contrabandistas, etc., sostuvieron la guerra como cosa propia, libres de toda influencia extraña y atendiendo a sus intereses inmediatos. Circunstancias y acontecimientos afortunados colocaron muchas veces a comarcas enteras bajo sus enseñas. Mientras las guerrillas estuvieron constituidas de esta manera, no parecían temibles en conjunto, pero eran sumamente peligrosas para los franceses. Las guerrillas constituían la base de un armamento efectivo del pueblo. En cuanto se presentaba la oportunidad de realizar una captura o se meditaba la ejecución de una empresa combinada, surgían los elementos más activos y audaces del pueblo y se incorporaban a las guerrillas. Con la mayor celeridad se abalanzaban sobre su presa o se disponían en orden de batalla, según el objeto de la empresa a acometer. No era raro ver a los guerrilleros apostados todo un día al acecho de un enemigo vigilante para interceptar a un mensajero o apoderarse de provisiones. De este modo capturó Mina el Mozo al virrey de Navarra, nombrado por José Bonaparte, y Julián hizo prisionero al comandante de Ciudad Rodrigo. En cuanto se consumaba la empresa, cada cual seguía su camino, y la gente de armas se dispersaba en todas direcciones; menos los campesinos agregados a las partidas, que volvían tranquilamente a sus ocupaciones habituales «sin que nadie hiciera ningún caso de su ausencia». De este modo resultaban cortadas las comunicaciones en todos los caminos. Había miles de enemigos alerta aunque no se pudiera descubrir a ninguno. No podía mandarse un mensajero que no fuese capturado, ni enviar provisiones que no fueran interceptadas. En suma, no era posible realizar un movimiento sin ser observado por un centenar de ojos. Entretanto, no había manera de atacar la raíz de una organización de esta índole. Los franceses se veían obligados a permanecer constantemente armados contra un enemigo que, aunque huía continuamente, reaparecía siempre y se hallaba en todas partes sin ser realmente visible en ninguna, pues las montañas le servían de otros tantos escondrijos. «No eran los combates ni las escaramuzas –dice el abate de Pradt– lo que agotaba a las tropas francesas, sino las incesantes molestias de un enemigo invisible que, al ser perseguido, desaparecía entre el pueblo para volver a surgir inmediatamente con renovada energía. El león de la fábula, mortificado por un mosquito, constituye una fiel imagen de la situación del ejército francés.» En el tercer período, las guerrillas imitaron al ejército regular: engrosaron sus destacamentos hasta encuadrar de tres mil a seis mil hombres, dejaron de ser fuerzas de comarcas enteras y cayeron en manos de unos cuantos jefes que las utilizaron como mejor convenía a sus fines particulares. Este cambio de sistema de las guerrillas proporcionó a los franceses grandes ventajas. Imposibilitados, por su número, para esconderse y desaparecer de súbito sin aceptar batalla, como hicieran antes, los guerrilleros se veían frecuentemente sorprendidos, derrotados, dispersados e incapacitados por mucho tiempo para causar nuevas molestias.

Comparando los tres períodos de la guerra de guerrillas con la historia política de España, se ve que representan los respectivos grados de enfriamiento del ardor popular por culpa del espíritu contrarrevolucionario del Gobierno. Comenzada por el alzamiento de poblaciones enteras, la guerra irregular siguió luego a cargo de guerrillas, cuyas reservas eran comarcas enteras, llegándose más tarde a formar cuerpos de voluntarios, siempre a punto de caer en el bandidaje o a convertirse en regimientos regulares.

Su independencia del Gobierno supremo, el relajamiento de la disciplina, los continuos desastres, la formación, descomposición y reconstrucción constantes de los cuadros en el transcurso de seis años forzosamente habían de imprimir al grueso del ejército español un carácter pretoriano, haciéndole propenso a convertirse por igual en el instrumento o en el azote de sus jefes. Los generales mismos, que necesariamente habían tenido que participar en el Gobierno central, reñir con él o conspirar contra él, ponían siempre el peso de su espada en la balanza política. Así, Cuesta, que luego pareció ganarse la confianza de la Junta Central en la misma proporción en que perdía las batallas, había empezado por conspirar con el Consejo Real y por prender en la Junta Central a los diputados de León. El propio general Morla, miembro de la Junta Central, se pasó al campo bonapartista después de haber entregado Madrid a los franceses. El fatuo «marqués de las Romerías», miembro también de la Junta Central, conspiró contra ella con el jactancioso Francisco Palafox, con el desdichado Montijo y con la turbulenta Junta de Sevilla. Los generales Castaños, Blake y La Bisbal (uno de los O'Donnell) figuraron e intrigaron sucesivamente como regentes en la época de las Cortes, y el capitán general de Valencia, don Javier Elío, entregó finalmente España a merced de Fernando VII. El elemento pretoriano se hallaba sin duda más desarrollado entre los generales que entre sus tropas.

Por otro lado, el ejército y los guerrilleros (durante la guerra éstos tuvieron entre distinguidos militares de línea a parte de sus jefes, como Porlier, Lacy, Eroles y Villacampa, mientras que el ejército de línea tuvo después entre sus jefes a Mina, el Empecinado y otros caudillos de las partidas) fueron la parte de la sociedad española en la que prendió más el espíritu revolucionario por proceder sus componentes de todos los sectores, incluida la juventud –juventud ambiciosa, entusiasta y patriótica, inaccesible a la influencia soporífera del Gobierno central–, y por estar emancipados de las cadenas del Antiguo Régimen; alguno de ellos, como Riego, volvía después de algunos años de cautiverio en Francia. No debemos, pues, extrañarnos de la influencia que el ejército español tuvo en las conmociones posteriores, ni cuando tomaba la iniciativa revolucionaria ni cuando malograba la revolución con su pretorianismo.

En cuanto a las guerrillas, es evidente que, habiendo actuado durante tantos años en el teatro de sangrientas luchas y habiéndose acostumbrado a la vida errante y a satisfacer libremente sus odios, sus venganzas y su afición al saqueo, por fuerza tenían que constituir en tiempos de paz una muchedumbre sumamente peligrosa, dispuesta siempre a tomar a la primera señal, en nombre de cualquier partido o principio, la defensa de quien fuera capaz de darle buena paga o un pretexto para actos de pillaje.

Seis

New York Daily Tribune,
24 de noviembre de 1854.

El 24 de septiembre de 1810 se reunieron en la Isla de León las Cortes extraordinarias; el 20 de febrero de 1811 se trasladaron a Cádiz; el 19 de marzo de 1812 promulgaron la nueva Constitución, y el 20 de septiembre de 1813, tres años después de su apertura, terminaron sus sesiones.

Las circunstancias en que se reunió este Congreso no tienen precedente en la historia. Ninguna asamblea legislativa había reunido hasta entonces a miembros procedentes de partes tan diversas del orbe ni pretendido regir territorios tan vastos de Europa, América y Asia, con tal diversidad de razas y tal complejidad de intereses; casi toda España se hallaba ocupada a la sazón por los franceses, y el propio Congreso, aislado realmente de España por tropas enemigas y acorralado en una estrecha franja de tierra, tenía que legislar a la vista de un ejército que lo sitiaba. Desde la remota punta de la isla gaditana, las Cortes emprendieron la tarea de echar los cimientos de una nueva España, como habían hecho sus antepasados desde las montañas de Covadonga y Sobrarbe. ¿Cómo explicar el curioso fenómeno de que la Constitución de 1812, anatematizada después por las testas coronadas de Europa reunidas en Verona como la más incendiaria invención del jacobinismo, brotara de la cabeza de la vieja España monástica y absolutista precisamente en la época en que ésta parecía consagrada por entero a sostener la guerra santa contra la revolución? ¿Cómo explicar, por otra parte, la súbita desaparición de esta misma Constitución, desvaneciéndose como una sombra («la sombra de un sueño», dicen los historiadores españoles) al entrar en contacto con un Borbón de carne y hueso? Si bien el nacimiento de esta Constitución es un misterio, su muerte no lo es menos. Para descifrar el enigma nos proponemos empezar por un breve examen de la propia Constitución de 1812, que los españoles trataron de poner nuevamente en vigor en dos épocas posteriores, primero durante el período de 1820 a 1823, y después en 1836.

La Constitución de 1812 consta de 334 artículos y está dividida en los diez títulos siguientes: 1) de la nación española y de los españoles; 2) del territorio de las Españas, su religión y Gobierno, y de los ciudadanos españoles; 3) de las Cortes; 4) del Rey; 5) de los tribunales y de la administración de justicia en lo civil y criminal; 6) del gobierno interior de las provincias y de los pueblos; 7) de las contribuciones; 8) de la fuerza militar nacional; 9) de la instrucción pública; 10) de la observación de la Constitución y modo de proceder para hacer variaciones en ella.

Partiendo del principio de que «la soberanía reside esencialmente en la nación, y por lo mismo pertenece a ésta exclusivamente el derecho de establecer sus leyes fundamentales», la Constitución proclama, no obstante, una división de poderes, con arreglo a la cual «la potestad de hacer las leyes reside en las Cortes con el Rey», «la potestad de hacer ejecutar las leyes reside en el Rey» y «la potestad de aplicar las leyes en las causas civiles y criminales reside en los tribunales establecidos por la ley». «Ni las Cortes ni el Rey podrán ejercer en ningún caso las funciones judiciales, abogar causas pendientes ni mandar abrir los juicios fenecidos».

La base de la representación nacional es el número de habitantes, eligiéndose un diputado por cada setenta mil almas. Las Cortes están formadas por una sola cámara, la de Diputados, elegidos por sufragio universal. El derecho electoral es disfrutado por todos los españoles, a excepción de los sirvientes domésticos, de los deudores a los caudales públicos o en quiebra y de los delincuentes. A partir del año 1830 no disfrutará de este derecho el ciudadano que no sepa leer ni escribir. Las elecciones son, sin embargo, indirectas, ya que tienen que pasar por tres grados: las juntas electorales de parroquias, las juntas electorales de partidos (distritos) y las juntas electorales de provincias. No se establece como requisito para ser diputado el de poseer una cantidad determinada de bienes. Cierto es que, según el artículo 92, «se requiere, además, para ser elegido diputado a Cortes, tener una renta anual proporcionada, procedente de bienes propios»; pero el artículo 93 deja en suspenso el anterior hasta que las Cortes que en adelante se han de celebrar declaren llegado el tiempo de ponerlo en práctica. El rey no tiene derecho a disolver las Cortes ni a prorrogar sus sesiones; las Cortes se reunirán anualmente en la capital el 10 de marzo sin necesidad de ser convocadas y funcionarán al menos tres meses consecutivos.

Las Cortes serán renovadas cada dos años y ningún diputado puede ser elegido dos veces seguidas, es decir, que sólo puede ser reelegido mediados los dos años de otra legislatura. Ningún diputado puede admitir para sí, ni solicitar para otro, empleo alguno de provisión del rey, ni aun ascenso, ni pensión ni condecoración alguna. Los ministros, los consejeros de Estado y los que desempeñan empleos de la Casa Real no pueden ser elegidos diputados a Cortes. Tampoco puede ningún empleado público nombrado por el Gobierno ser elegido diputado por la provincia en la que ejerce su cargo. Para indemnizar a los diputados se les asistirá por sus respectivas provincias con las dietas que las Cortes en el segundo año de cada legislatura señalaren para la legislatura que la ha de suceder. Las Cortes no pueden deliberar en presencia del rey. En los casos en que los ministros hagan a las Cortes alguna propuesta en nombre del rey, asistirán a las discusiones cuando y del modo que las Cortes determinen y hablarán en ellas, pero no podrán estar presentes durante la votación. El rey, el príncipe de Asturias y los regentes tienen que jurar la Constitución ante las Cortes, las cuales decidirán sobre cualquier cuestión de hecho o de derecho relacionada con la sucesión del trono y, en caso necesario, elegirán una regencia. Las Cortes han de aprobar, antes de su ratificación, todos los tratados de alianza ofensiva, de subsidios y comerciales; conceden o niegan la admisión de tropas extranjeras en el reino, decretan la creación o supresión de plazas en los tribunales que establece la Constitución; e igualmente la creación y supresión de los oficios públicos; fijan todos los años, a propuesta del rey, las fuerzas de tierra y mar en tiempo de paz y en tiempo de guerra; dan ordenanzas al ejército, a la armada y a la milicia nacional en todos los ramos; fijan los gastos de la administración pública; establecen anualmente las contribuciones; toman caudales a préstamo en casos de necesidad sobre el crédito de la nación; deciden en todo lo relativo a los sistemas de monedas, pesas y medidas; establecen el plan general de instrucción pública, protegen la libertad política de imprenta, hacen efectiva la responsabilidad de los ministros, etc. El rey puede aplazar la promulgación de una ley en el período comprendido entre dos legislaturas; si este mismo proyecto de ley es propuesto de nuevo a las Cortes y adoptado por las mismas en la legislatura siguiente, entonces se entiende que el rey da la sanción y ha de hacerlo expresamente según fórmula adoptada.

Antes de terminar sus debates, las Cortes eligen de su seno una Diputación permanente, compuesta de siete miembros, que funciona en la capital hasta la apertura de las nuevas Cortes y tiene las facultades de velar sobre la estricta observancia de la Constitución y de las leyes para dar cuenta a las próximas Cortes de las infracciones que haya notado, y de convocar Cortes extraordinarias en momentos críticos. El rey no puede ausentarse del país sin el consentimiento de las Cortes. Necesita asimismo su consentimiento para contraer matrimonio. Las Cortes señalan la dotación anual de la Casa Real.

El único consejo privado del rey es el Consejo de Estado, del que no forman parte los ministros y que está compuesto de cuarenta individuos: cuatro eclesiásticos, cuatro Grandes de España y el resto funcionarios distinguidos, todos ellos elegidos por el rey de una lista de ciento veinte nombres[12] presentada por las Cortes; pero ningún diputado en el ejercicio de sus

12. El texto del artículo 234 de la Constitución indujo a Marx a error. El artículo reza: «Para la formación de este Consejo se dispondrá en las Cortes de una lista triple de todas las clases referidas en la proporción indicada, de la cual el Rey elegirá los cuarenta individuos que han de componer el Consejo de Estado, tomando los eclesiásticos de la lista de su clase, los Grandes de la suya, y así los demás». Marx dedujo de aquí que habían de ser 120 candidatos. Sin embargo, la Constitución no fija número alguno de candidatos. Tampoco establece que los que no sean ni eclesiásticos ni Grandes de España deban ser, por fuerza, funcionarios. Según el artículo 232, éstos deberán ser «elegidos entre los sujetos que más se hayan distinguido por su ilustración y conocimiento, o por sus señalados servicios en alguno de los principales ramos de la administración y gobierno del Estado».

funciones puede ser consejero y ningún consejero puede aceptar del rey cargos, títulos o nombramientos. Los consejeros de Estado no pueden ser destituidos sin causa justificada ante el Tribunal Supremo de justicia. Las Cortes señalan el sueldo de los consejeros de Estado, cuyo dictamen ha de oír el rey en todos los asuntos gubernativos graves. El Consejo de Estado presenta las candidaturas para todos los beneficios eclesiásticos y plazas de judicatura. En la parte dedicada a la judicatura, son abolidos todos los antiguos Consejos, se establece una nueva organización de tribunales y se crea un Tribunal Supremo de justicia para juzgar a los ministros en caso de formación de causas contra ellos, para conocer de todas las causas de separación y suspensión de los consejeros de Estado y de los magistrados de las Audiencias, etc. Ningún proceso puede ser empezado sin hacerse antes una tentativa de conciliación. Quedan abolidas las torturas, las exacciones y la confiscación de bienes. Se suprimen todos los tribunales extraordinarios a excepción de los militares y eclesiásticos, contra cuyas decisiones puede apelarse, sin embargo, al Tribunal Supremo.

Para el gobierno interior de las ciudades y municipios (donde no existan éstos, deberán ser constituidos, abarcando jurisdicciones con una población de mil almas) se crearán ayuntamientos compuestos del alcalde o alcaldes, los regidores y el procurador síndico, presididos por el gobernador, o, en su defecto, el alcalde, y elegidos por sufragio universal. Ningún funcionario público en ejercicio nombrado por el rey puede ser elegido alcalde, regidor ni procurador síndico. El empleo municipal es una carga concejil que constituye un deber cívico del que nadie puede excusarse sin causa legal. Los ayuntamientos desempeñarán todas sus funciones bajo la vigilancia de la Diputación provincial.

El gobierno político de las provincias residirá en el gobernador (jefe político), designado por el rey. El gobernador se halla asesorado por una diputación, de la cual es presidente, y que es elegida por los partidos judiciales cuando se reúnen para las elecciones generales de diputados a Cortes. Dichas diputaciones provinciales constan de siete miembros y un intendente que nombran un secretario retribuido de los fondos públicos de la provincia. Las diputaciones tendrán a lo sumo noventa días de sesiones al año. Por las facultades y deberes a ellas asignados, pueden ser conceptuadas comisiones permanentes de las Cortes. Todos los individuos de los ayuntamientos y diputaciones provinciales prestan juramento de fidelidad a la Constitución al tomar posesión de sus cargos. En lo que se refiere a las contribuciones, todos los españoles, sin excepción, están obligados a sufragar, con proporción a sus facultades, los gastos del Estado. Quedan suprimidas todas las aduanas, a excepción de los puertos de mar y fronteras. Ningún español podrá excusarse del servicio militar, y, además del ejército regular, habrá en cada provincia cuerpos de milicias nacionales compuestos de habitantes de cada una de ellas con proporción a su población y circunstancias. Finalmente, hasta pasados ocho años de haberse promulgado la Constitución, no se podrá proponer alteración, adición ni reforma en ninguno de sus artículos.

Cuando las Cortes trazaron este nuevo plan del Estado español, comprendían, por supuesto, que una Constitución política tan moderna sería completamente incompatible con el antiguo sistema social y, por consiguiente, promulgaron una serie de decretos conducentes a introducir cambios orgánicos en la sociedad civil. Así, por ejemplo, abolieron la Inquisición; suprimieron las jurisdicciones señoriales, con sus privilegios feudales exclusivos, prohibitivos y privativos, a saber, los de caza, pesca, bosque, molinos, etc., exceptuando los adquiridos a título oneroso, que debían ser indemnizados. Abolieron los diezmos en toda la monarquía, suspendieron los nombramientos para todas las prebendas eclesiásticas no necesarias para el ejercicio del culto y adoptaron medidas para la supresión de los monasterios y la confiscación de sus bienes.

Las Cortes se proponían transformar las vastas extensiones de tierra yerma, los terrenos de realengo y los comunales de España en propiedad privada, vendiendo la mitad para la amortización de la deuda pública, distribuyendo otra parte, como recompensa patriótica, en lotes entre los soldados desmovilizados de la Guerra de la Independencia y concediendo otra parte, asimismo gratuitamente y por lotes, a los campesinos pobres que quisieran poseer tierra y no pudieran comprarla. Las Cortes autorizaron el cercado de los pastos y otros bienes comunales, antes prohibido. Derogaron las absurdas leyes que impedían que los pastizales fueran convertidos en labrantíos o viceversa, y, en general redimieron a la agricultura de las viejas normas arbitrarias y ridículas. Abolieron todas las leyes feudales relativas a los contratos agrícolas y asimismo la ley según la cual el heredero de un mayorazgo no estaba obligado a confirmar los arriendos concedidos por su predecesor, pues la validez de los mismos expiraba con el que los había otorgado. Anularon el «voto de Santiago», antiguo tributo consistente en cierta cantidad del mejor pan y del mejor vino que los labradores de ciertas provincias tenían que entregar principalmente para el sostenimiento del arzobispo y del capítulo de Santiago. Establecieron un impuesto progresivo considerable, etc.

Como uno de sus principales objetivos era conservar el dominio de las colonias americanas, que ya habían empezado a sublevarse, las Cortes reconocieron a los españoles de América los mismos derechos políticos que a los de la Península, dieron una amnistía general sin ninguna excepción, promulgaron decretos contra la opresión que pesaba sobre los indígenas de América y Asia, cancelaron las mitas, los repartimientos, etc., abolieron el monopolio del mercurio y prohibieron el comercio de esclavos, poniéndose en este aspecto a la cabeza de Europa.

La Constitución de 1812 ha sido acusada, de una parte –verbigracia, por el mismo Fernando VII en su edicto del 4 de mayo de 1814–, de ser una mera imitación de la Constitución francesa de 1791, trasplantada por unos visionarios al suelo español sin tener en cuenta las tradiciones históricas de España. De otra parte, ha habido quien ha sostenido –por ejemplo, el abate de Pradt *(De la révolution actuelle de l'Espagne)*– que las Cortes se aferraron de un modo irrazonable a fórmulas caducas, tomadas de los antiguos fueros y correspondientes a los tiempos feudales, cuando la autoridad real se hallaba amenazada por los desmesurados privilegios de los grandes.

Lo cierto es que la Constitución de 1812 es una reproducción de los fueros antiguos, pero leídos a la luz de la Revolución Francesa y adaptados a las demandas de la sociedad moderna. El derecho a la insurrección, por ejemplo, suele ser considerado como una de las innovaciones más osadas de la Constitución jacobina de 1793[13]; pero este mismo derecho se encuentra en los antiguos fueros de Sobrarbe, donde es llamado «Privilegio de la Unión». Ese derecho figura también en la antigua Constitución de Castilla. Según los fueros de Sobrarbe, el rey no puede hacer la paz, ni declarar la guerra, ni concertar tratados sin el previo consentimiento de las Cortes. La Diputación perma-

13. Se refiere al artículo 35 de la Declaración de los Derechos del Hombre y el Ciudadano –introducción a la Constitución francesa de 1793–, aprobada en abril del mismo año. Este artículo versa: «Cuando el Gobierno infringe los derechos del pueblo, la insurrección es un derecho sagrado y obligación indispensable de todo el pueblo y de cada una de sus partes».

nente, compuesta de siete miembros de las Cortes, encargada de velar por la rigurosa observancia de la Constitución durante el período de suspensión de las sesiones del cuerpo legislativo, se hallaba establecida de antiguo en Aragón y fue introducida en Castilla en la época en que las Cortes principales de la monarquía se fusionaron en un solo cuerpo. Hasta el período de la invasión francesa existió una institución similar en el Reino de Navarra.

Por lo que se refiere a la formación de un Consejo de Estado de una lista de 120 individuos[14] propuestos al rey por las Cortes y por ellas retribuidos, esta singular creación de la Constitución de 1812 fue sugerida por el recuerdo de la fatal influencia que ejercieron las camarillas en todas las épocas de la monarquía española. La intención era sustituir la camarilla por el Consejo de Estado. Además, habían existido instituciones análogas en el pasado. En los tiempos de Fernando IV, por ejemplo, el rey se hallaba rodeado siempre de doce comuneros, designados por las ciudades de Castilla, que ejercían las funciones de consejeros privados, y en 1419 los delegados de las ciudades se lamentaban de que sus representantes hubieran dejado de ser llamados al Consejo Real. La exclusión de las Cortes de los más altos funcionarios y de los miembros de la Casa Real y la prohibición de aceptar los diputados honores o empleos del rey parecen a primera vista tomadas de la Constitución de 1791 y derivadas

14. Véase la nota 12 de la p. 87.

naturalmente de la moderna división de poderes sancionada por la Constitución de 1812; pero, en realidad, no sólo encontramos precedentes de este género en la antigua Constitución de Castilla, sino que, además, sabemos que el pueblo, en diferentes períodos, se sublevó y dio muerte a los diputados que habían aceptado honores o empleos de la Corona. En cuanto al derecho de las Cortes a designar una regencia en caso de minoría de edad del heredero de la Corona, siempre lo ejercieron las antiguas Cortes de Castilla durante las largas minorías de edad del siglo XIV.

Cierto es que las Cortes de Cádiz privaron al rey del derecho que había ejercido siempre de convocar, disolver o prorrogar las Cortes; pero como éstas habían caído en desuso debido precisamente a los métodos con los que los reyes ampliaban sus privilegios, saltaba a la vista la necesidad de abolir ese derecho. Los hechos aducidos bastan para mostrar que la ansiedad de limitar el poder real –rasgo descollante de la Constitución de 1812–, plenamente justificada, de otra parte, por el reciente e indignante recuerdo del abominable despotismo de Godoy, tenía su origen en los antiguos fueros de España. Las Cortes de Cádiz no hicieron más que transferir a la representación nacional las atribuciones de los estamentos privilegiados. Puede verse hasta qué punto temían los reyes españoles los antiguos fueros en el hecho de que, cuando, en 1805, se hizo necesario un nuevo código de leyes, apareció un decreto real en virtud del cual debían ser suprimidas del nuevo código todas las reminiscencias de feudalismo contenidas en el anterior, correspondientes a un período en que la debilidad de la monarquía obligaba a los reyes a concertar con sus vasallos compromisos que iban en detrimento del poder soberano.

Si la elección de los diputados por sufragio universal constituía una innovación, no debe olvidarse que las mismas Cortes de 1812 fueron elegidas por sufragio universal, como lo fueron también todas las Juntas; que toda restricción del sufragio universal hubiera sido, por tanto, infringir un derecho conquistado ya por el pueblo, y, finalmente, que el establecimiento del requisito de propiedad para disfrutar del derecho electoral en una época en que casi todos los bienes inmuebles de España se hallaban vinculados en «manos muertas» habría sido privárselo a la mayoría de la población.

El sistema parlamentario de una sola cámara no fue copiado en modo alguno de la Constitución francesa de 1791, como pretenden los malhumorados conservadores ingleses. Nuestros lectores saben ya que la aristocracia y el clero perdieron sus puestos en las Cortes de Castilla desde los tiempos de Carlos I (el emperador Carlos V). Pero, aun en los remotos días en que las Cortes se dividían en brazos, que representaban a los diferentes estamentos, se reunían en un mismo salón separados unos de otros sólo por los escaños, y votaban en común. Navarra, una de las provincias en las que sólo las Cortes aún poseían un poder efectivo cuando la invasión francesa, conservaba la antigua costumbre de convocarlas por estamentos; pero en las Vascongadas, las asambleas, completamente democráticas, no admitían ni al clero. Además, si bien el clero y la aristocracia habían conservado sus odiosos privilegios, hacía ya mucho que habían dejado de formar cuerpos políticos independientes que constituían la base de la composición de las antiguas Cortes.

La separación del poder judicial del ejecutivo, decretada por las Cortes de Cádiz, era reclamada ya en el siglo XVIII por los estadistas más esclarecidos de España, y el odio general que se había concitado el Consejo Real desde el principio de la revolución hizo que se sintiera unánimemente la necesidad de reducir los tribunales a su esfera peculiar de acción.

La parte de la Constitución que se refiere al gobierno municipal de los pueblos es de origen genuinamente español, como ya hemos indicado en un artículo anterior. Las Cortes no hicieron más que restablecer el antiguo sistema municipal, aunque despojándolo de su carácter medieval. En cuanto a las diputaciones provinciales, investidas de los mismos poderes para el gobierno interno de las provincias que los ayuntamientos para el de los pueblos, las Cortes les dieron forma a imitación de instituciones similares que existían aún en la época de la invasión francesa en Navarra, Vizcaya y Asturias. Al abolir las exenciones del servicio militar, las Cortes no hicieron sino sancionar lo que se había hecho práctica general durante la Guerra de la Independencia. La abolición de la Inquisición tampoco era sino el refrendo de un hecho, ya que el Santo Oficio, aunque restablecido por la Junta Central, no se había atrevido a reanudar sus funciones, contentándose sus sagrados miembros con embolsarse sus emolumentos y aguardar prudentemente tiempos mejores. En cuanto a la supresión de los abusos feudales, las Cortes no llegaron siquiera adonde pretendían las reformas tan insistentemente reclamadas en el célebre informe de Jovellanos, presentado en 1795 al Consejo Real en nombre de la Sociedad Económica de Madrid.

Ya a fines del siglo XVIII, Floridablanca y Campomanes, los ministros del despotismo ilustrado, habían empezado a dar pasos en esa dirección. Además, no debe olvidarse que, en simultaneidad con las Cortes, existía en Madrid un Gobierno francés que había barrido todas las instituciones monásticas y feudales de las provincias invadidas por los ejércitos de Napoleón e introducido en ellas el moderno sistema de administración. Los periódicos bonapartistas denunciaban la insurrección como cosa producida enteramente por las intrigas y los sobornos de Inglaterra, con ayuda de los frailes y la Inquisición. Hasta qué punto debió ejercer una saludable influencia en las decisiones de las Cortes la rivalidad con el gobierno invasor puede verse por el hecho de que la propia Junta Central, en su decreto de septiembre de 1809, por el que se anunciaba la convocatoria de las Cortes, se dirigió a los españoles en los siguientes términos:

> Nuestros enemigos dicen que combatimos para defender los antiguos abusos y los vicios inveterados de nuestro gobierno

> venal. Demostrad que lucháis por el bienestar y por la independencia de vuestro país, que no estáis dispuestos a depender de los deseos variables y del humor cambiadizo de un hombre, etc.

Por otra parte, podemos descubrir en la Constitución de 1812 indicios inequívocos de un compromiso entre las ideas liberales del siglo XVIII y las tradiciones tenebrosas del clero. Baste citar el artículo 12, según el cual «la religión de la Nación española es y será perpetuamente la católica, apostólica, romana, única verdadera. La Nación la protege por leyes sabias y justas y prohíbe el ejercicio de cualquier otra». O bien el artículo 173, que obliga al rey a prestar el siguiente juramento ante las Cortes, al subir al trono: «Yo (aquí su nombre), por la gracia de Dios y de la Constitución de la Monarquía española, Rey de las Españas, juro por Dios y por los Santos Evangelios que defenderé y conservaré la religión católica, apostólica, romana, sin permitir otra alguna en el reino».

Examinando, pues, más de cerca la Constitución de 1812, llegamos a la conclusión de que, lejos de ser una copia servil de la Constitución francesa de 1791, era un producto original de la vida intelectual española que resucitaba las antiguas instituciones nacionales, introducía las reformas reclamadas abiertamente por los escritores y estadistas más eminentes del siglo XVIII y hacía inevitables concesiones a los prejuicios del pueblo.

Siete

New York Daily Tribune,
1 de diciembre de 1854.

El hecho de que en Cádiz se reunieran los hombres más progresivos de España se debe a una serie de circunstancias favorables. Al celebrarse las elecciones, el movimiento no había decaído aún, y la propia impopularidad que se había ganado la Junta Central hizo que los electores se orientasen hacia los adversarios de ésta, que pertenecían en gran parte a la minoría revolucionaria de la nación. En la primera sesión de las Cortes hallábanse representadas casi exclusivamente las provincias más democráticas: Cataluña y Galicia. Los diputados de León, Valencia, Murcia y las islas Baleares no llegaron hasta tres meses después. Las provincias más reaccionarias, las del interior, no pudieron celebrar las elecciones para las Cortes sino en contadas localidades. Para los diferentes reinos, ciudades y municipios de la vieja España, imposibilitados por los ejércitos franceses de elegir diputados, así como para las provincias ultramarinas de la nueva España, cuyos diputados no pudieron llegar a su debido tiempo, se eligieron sustitutos entre una turbamulta compuesta de gentes provincianas, que habían ido a parar a Cádiz a consecuencia del desconcierto creado por la guerra, y de sudamericanos y comerciantes del país y de otras partes, atraídos a Cádiz por curiosidad o la marcha de sus negocios. Así se dio el caso de que estas provincias estuvieran representadas por hombres más aficionados a la novedad y más impregnados de las ideas del siglo XVIII de lo que lo habrían estado de haberlos podido elegir ellas mismas. Finalmente, la circunstancia de que las Cortes se reunieran en Cádiz ejerció una influencia decisiva, ya que esta ciudad era conocida entonces como la más radical del reino y parecía más americana que española. Sus habitantes llenaban las galerías de la sala de sesiones y, mediante la intimidación y presiones desde el exterior, dominaban a los reaccionarios cuando la oposición de éstos se tornaba demasiado enojosa.

Sería, sin embargo, un craso error suponer que la mayoría de las Cortes estaba formada por partidarios de las reformas. Las Cortes estaban divididas en tres partidos: los *serviles,* los *liberales* (estos epítetos salieron de España para difundirse por toda Europa) y los *americanos.* Estos últimos votaban alternativamente por uno u otro partido conforme a sus intereses particulares. Los serviles, muy superiores en número, eran arrastrados por la actividad, el celo y el entusiasmo de la minoría liberal. Los diputados eclesiásticos, que integraban la mayoría del partido servil, se mostraban siempre dispuestos a sacrificar las prerrogativas regias; en parte, porque recordaban el antagonismo de la Iglesia frente al Estado y, en parte, porque buscaban popularidad para salvar así los privilegios y los abusos de su casta. Durante los debates sobre el sufragio universal, el sistema de cámara única, la supresión del requisito de propiedad para gozar del derecho electoral y el veto suspensivo, el partido eclesiástico se puso siempre al lado del sector más democrático de los liberales contra los partidarios de la Constitución inglesa. Uno de sus miembros, el canónigo Cañedo, después arzobispo de Burgos e implacable perseguidor de los liberales, se dirigió al señor Muñoz Torrero, canónigo también, pero perteneciente al partido liberal, en los siguientes términos: «Estáis de acuerdo con reservar al rey un poder enorme; pero como clérigo estáis obligado ante todo a luchar por los intereses de la Iglesia y no por los del rey». Los liberales se vieron obligados a entrar en estos compromisos con el partido de la Iglesia, como ya hemos hecho patente apoyándonos en algunos artículos de la Constitución de 1812. Al discutirse la libertad de imprenta, los sacerdotes la combatieron por ser «contraria a la religión». Tras unos debates sumamente borrascosos y haber declarado que todos eran libres de escribir y publicar sus ideas sin necesidad de licencia especial, las Cortes aprobaron unánimemente una enmienda que, al introducir el vocablo «políticas», redujo dicha libertad a la mitad de su alcance y dejó todos los escritos sobre cuestiones religiosas sometidos a la censura de las autoridades eclesiásticas de acuerdo con las decisiones del Concilio de Trento. El 18 de agosto de 1813, después de aprobado un decreto punitivo hacia quienes conspirasen contra la Constitución, se aprobó otro que declaraba la persecución por traidor y la pena de muerte contra todo el que conspirase con objeto de que la nación española dejara de profesar la religión católica, apostólica y romana. Al ser abolido el «voto de Santiago», se aprobó una resolución compensadora, proclamando patrona de España a Santa Teresa de Jesús. Los liberales tuvieron asimismo buen cuidado de no proponer la abolición de la Inquisición, de los diezmos, de los monasterios, etc., hasta después de promulgada la Constitución. Pero, a partir de este mismo instante, la oposición de los serviles dentro de las Cortes, y del clero fuera de ellas, se hizo implacable.

Una vez expuestas las circunstancias que explican el origen y las características de la Constitución de 1812, queda todavía por dilucidar su repentina desaparición sin resistencia al retorno de Fernando VII. Rara vez ha presenciado el mundo un espectáculo más humillante. Cuando Fernando entró en Valencia el 16 de abril de 1814, «el pueblo, presa de un júbilo exaltado, se enganchó a su carroza y dio testimonio al rey por todos los medios de expresión posibles, de palabra y obra, que anhelaba verse de nuevo sometido al yugo de antaño»; resonaron gritos jubilosos de «¡Viva el rey absoluto!», «¡Abajo la Constitución!». En todas las grandes ciudades, la Plaza Mayor había sido rotulada «Plaza de la Constitución», colocándose en ella una lápida con dichas palabras. En Valencia fue arrancada la lápida y sustituida por una tabla «provisional», en la que se leía: «Real Plaza de Fernando VII». El populacho de Sevilla destituyó a todas las autoridades existentes, eligió en su lugar otras para que ocuparan todos los cargos que habían existido bajo el Antiguo Régimen, y después pidió a las autoridades que restablecieran la Inquisición. De Aranjuez a Madrid, la carroza de Fernando VII fue arrastrada por el pueblo. Cuando el rey se apeó del carruaje, la turba lo levantó en hombros, lo mostró triunfalmente a la inmensa muchedumbre congregada delante del palacio y así lo condujo hasta sus aposentos. En el frontispicio del Congreso de Madrid figuraba la palabra «Libertad» con grandes letras de bronce. La plebe corrió allí a quitarla. Llevó escaleras de mano, fue arrancándola letra por letra y, al caer a la calle cada una de ellas, el público repetía sus aclamaciones. Reunió todos los diarios de las Cortes y todos los periódicos y folletos liberales que fue posible encontrar, formó una procesión, a la cabeza de la cual iban las cofradías religiosas y el clero regular y secular, amontonó todos los papeles en una plaza pública y los sacrificó en un auto de fe político, después de lo cual se celebró una misa solemne y se cantó un *Te Deum* en acción de gracias por el triunfo alcanzado. Más importante acaso que todo eso (ya que estas vergonzosas manifestaciones de la plebe fueron pagadas en parte a la canalla de las ciudades para que las hiciera, la cual, además, prefería, como los *lazzaroni* napolitanos, el gobierno fastuoso de los reyes y de los frailes al régimen sobrio de las clases medias) es el hecho de que en las nuevas elecciones generales obtuvieran una victoria decisiva los serviles; las Cortes constituyentes se vieron remplazadas el 20 de septiembre de 1813 por las Cortes ordinarias, que se trasladaron de Cádiz a Madrid el 15 de enero de 1814.

Ya hemos explicado en los artículos anteriores cómo el propio partido revolucionario contribuyó a despertar y fortalecer los viejos prejuicios populares con el propósito de convertirlos en otras tantas armas contra Napoleón. Hemos visto cómo la Junta Central, en el único período en que podían combinarse las reformas sociales con las medidas de defensa nacional, hizo cuanto estuvo en su mano por impedirlas y ahogar las aspiraciones revolucionarias de las provincias. Las Cortes de Cádiz, por el contrario, desvinculadas totalmente de España durante la mayor parte de su existencia, no pudieron siquiera dar a conocer su Constitución y sus leyes orgánicas hasta que se hubieron retirado los ejércitos franceses. Las Cortes llegaron, por así decir, *post factum.* Encontraron a la sociedad fatigada, exhausta, dolorida: consecuencia natural de una guerra tan prolongada, sostenida enteramente en el suelo español, de una guerra en la que, con los ejércitos en continuo movimiento, el Gobierno de hoy rara vez era el de mañana, en tanto que la efusión de sangre no cesó un solo día durante cerca de seis años en toda la superficie de España, desde Cádiz hasta Pamplona y desde Granada hasta Salamanca. No cabía esperar que una sociedad semejante fuera muy sensible a las florituras abstractas de cualquier Constitución política. Sin embargo, cuando la Constitución se proclamó por primera vez en Madrid y en las otras provincias evacuadas por los franceses, fue acogida con «delirante entusiasmo», pues las masas esperaban, por lo general, con un mero cambio de gobierno la súbita desaparición de sus sufrimientos sociales. Cuando descubrieron que la Constitución no poseía tan milagrosas facultades, las mismas exageradas esperanzas con que se le dio la bienvenida se convirtieron en desengaño, y entre estos apasionados pueblos meridionales, del desengaño al odio no hay más que un paso.

Hubo también otras circunstancias que contribuyeron principalmente a enajenar las simpatías populares al régimen constitucional. Las Cortes habían publicado severísimos decretos contra los afrancesados o josefinistas. Se habían visto obligadas a hacerlo, en parte, por el clamor vengativo del populacho y de los reaccionarios, los cuales se revolvieron a una contra las Cortes en cuanto fueron puestas en vigor las medidas que habían obligado a decretar. A consecuencia de estas medidas fueron desterradas más de diez mil familias. Una multitud de pequeños tiranos se dejó caer sobre las provincias evacuadas por los franceses, implantó su autoridad proconsular y emprendió investigaciones, procesos, encarcelamientos, medidas inquisitoriales contra los acusados de adhesión a los franceses por haber aceptado cargos de ellos o haberles comprado bienes nacionales, etc. La regencia, en vez de procurar que la transición del régimen francés al nacional se produjese de una manera discreta y conciliadora, hizo todo lo posible por agravar los males y exacerbar las pasiones inevitables en tales traspasos de poderes. Pero ¿por qué obró así? Para poder pedir a las Cortes la suspensión de la Constitución de 1812, que, al decir de ella, había acarreado tantos males. Hemos de hacer notar, de paso, que todas las regencias, todas estas autoridades ejecutivas supremas nombradas por las Cortes, solían hallarse integradas por los más resueltos enemigos de las Cortes y de su Constitución. Este curioso hecho se explica simplemente por la circunstancia de que los americanos se ponían siempre de acuerdo con los serviles cuando se trataba de formar el poder ejecutivo, cuyo debilitamiento juzgaban necesario para conseguir que las provincias americanas se independizasen de la madre patria, pues estaban seguros de que para ello no bastaba con la simple discrepancia entre el poder ejecutivo y las Cortes soberanas. La implantación por las Cortes de un impuesto directo único sobre la renta de la tierra, así como sobre los beneficios industriales y comerciales, suscitó también gran descontento entre el pueblo, pero todavía fue mayor el despertado por los absurdos decretos que prohibían la circulación de todas las monedas españolas acuñadas por José Bonaparte y ordenaban a sus poseedores cambiarlas por moneda nacional, al mismo tiempo que anulaban la circulación de moneda francesa y fijaban el tipo a que había de cambiarse. Como este tipo de cambio difería muchísimo del establecido por los franceses en 1808 para el valor relativo de las monedas francesa y española, muchos particulares sufrieron grandes pérdidas. Esta absurda medida contribuyó también a que subieran los precios de los artículos de primera necesidad, que ya estaban muy por encima del promedio.

Las clases más interesadas en el derrocamiento de la Constitución de 1812 y en la restauración del antiguo régimen –los grandes, el clero, los frailes y los abogados– no dejaron de fomentar hasta el más alto grado el descontento popular derivado de las desdichadas circunstancias que acompañaron a la implantación del régimen constitucional en el suelo español. De aquí la victoria de los serviles en las elecciones generales de 1813.

Sólo en el ejército podía temer el rey alguna resistencia seria; pero el general Elío y sus oficiales, faltando al juramento que habían prestado a la Constitución, proclamaron a Fernando VII en Valencia sin mencionar la Constitución. Los otros jefes militares no tardaron en seguir el ejemplo de Elío. En el decreto de 4 de mayo de 1814, por el que Fernando VII disolvía las Cortes de Madrid y derogaba la Constitución de 1812, expresaba al mismo tiempo su odio al despotismo, prometía convocar las Cortes con arreglo a las formas legales antiguas, establecer una libertad de imprenta razonable, etc.

Fernando VII cumplió su palabra de la única manera que merecía el recibimiento que el pueblo español le había tributado, esto es, derogando todas las leyes que promulgaran las Cortes, volviendo a ponerlo todo como estaba antes, restableciendo la Santa Inquisición, llamando a los jesuitas desterrados por su abuelo, mandando a galeras, a los presidios africanos o al destierro a los miembros más destacados de las Juntas y de las Cortes, así como a los partidarios de las mismas, y, por último, ordenando el fusilamiento de los jefes de guerrillas más ilustres: Porlier y Lacy.

Ocho

New York Daily Tribune,
2 de diciembre de 1854.

Durante el año 1819 se concentró en los alrededores de Cádiz un ejército expedicionario con el propósito de reconquistar las colonias americanas sublevadas. Confiriose el mando a José Enrique O'Donnell, conde de La Bisbal, tío de Leopoldo O'Donnell, el actual ministro español. Las expediciones precedentes contra Hispanoamérica, que habían engullido a 14.000 hombres desde 1814 y habían sido dirigidas de la manera más indignante e irreflexiva, acabaron por hacerse sumamente odiosas al ejército y ser generalmente conceptuadas de medio subrepticio para desembarazarse de los regimientos descontentos. Varios oficiales, entre ellos Quiroga, López Baños, San Miguel (el actual Lafayette español), O'Daly y Arco Agüero, decidieron aprovechar el descontento de los soldados para sacudir el yugo y proclamar la Constitución de 1812. Al ser iniciado en el complot, La Bisbal prometió encabezar personalmente el movimiento. De acuerdo con él, los jefes de la conspiración fijaron la fecha del 9 de julio de 1819, día en que había de celebrarse una revista general de las tropas expedicionarias, para descargar el gran golpe en plena ceremonia. La Bisbal, en efecto, se presentó puntualmente, pero en lugar de mantener su palabra, ordenó el desarme de los regimientos comprometidos en la conjura, encarceló a Quiroga y a los otros jefes y mandó un correo a Madrid vanagloriándose de haber frustrado la más alarmante de las catástrofes. Fue recompensado con ascensos y condecoraciones, pero al recibirse en Palacio informes más exactos, se le destituyó del mando y se le ordenó que regresara a la capital. Este La Bisbal es el mismo que en 1814, al regresar a España el rey, envió a Fernando a uno de sus oficiales con dos cartas. Como la gran distancia que mediaba le impedía observar la conducta del rey y ajustar a ella su comportamiento, en una de las cartas La Bisbal hacía pomposos elogios de la Constitución de 1812, por si el rey la juraba, y en la otra, todo lo contrario, pintaba el régimen constitucional como un sistema de anarquía y confusión, felicitaba a Fernando VII por haberlo exterminado y le ofrecía su persona y su ejército para combatir a los rebeldes, a los demagogos y a los enemigos del trono y del altar. El oficial entregó el segundo de los mensajes, que fue acogido cordialmente por el Borbón.

A pesar de los síntomas de rebeldía que se habían manifestado en el ejército expedicionario, el Gobierno de Madrid, a cuyo frente había sido puesto el duque de San Fernando, a la sazón presidente del Consejo y ministro de Estado, persistió en una actitud inexplicable de apatía y pasividad y no hizo nada por acelerar la marcha de la expedición o diseminar el ejército por diferentes ciudades del litoral. Mientras tanto, se concertó un movimiento simultáneo entre don Rafael del Riego, que mandaba el segundo batallón de Asturias, acuartelado entonces en Cabezas de San Juan, y Quiroga, San Miguel y otros jefes militares de la Isla de León, que habían conseguido evadirse de la cárcel. La situación de Riego era con mucho la más difícil. Cabezas de San Juan se encontraba en el centro de tres de los reales del ejército expedicionario: el de la caballería, en Utrera, el de la segunda división de infantería, en Lebrija, y el de un batallón de exploradores, en Arcos, donde se habían alojado el general en jefe y el Estado Mayor. Sin embargo, Riego consiguió el 1 de enero de 1820 capturar por sorpresa al general y al Estado Mayor, aunque el batallón acantonado en Arcos era el doble que el de Asturias. El mismo día proclamó en esta localidad la Constitución de 1812, eligió a un alcalde accidental y, no satisfecho con haber cumplido la misión que le había sido confiada, atrajo a su causa a los exploradores, sorprendió al batallón de Aragón, situado en Bornos, se dirigió de Bornos a Jerez y de Jerez al Puerto de Santa María, proclamando en todas partes la Constitución, hasta que el 7 de enero llegó a la Isla de León, en cuyo fuerte de San Pedro dejó a los militares que había hecho prisioneros. Contraviniendo lo acordado, Quiroga y sus partidarios no se apoderaron por un *coup de main* del puente de Suazo y a continuación de la Isla de León, sino que permanecieron inactivos hasta el 2 de enero, cuando Oltra, un mensajero de Riego, les comunicó oficialmente la toma de Arcos y la captura del Estado Mayor.

Las fuerzas del ejército revolucionario, cuyo mando supremo había sido confiado a Quiroga, no pasaban en total de cinco mil hombres, que, al ver rechazados sus ataques contra las puertas de Cádiz, se encerraron en la Isla de León. «Nuestra situación –dice San Miguel– era excepcional. Esa revolución, que permaneció en suspenso veinticinco días, sin perder ni conquistar un solo palmo de terreno, es uno de los fenómenos políticos más notables». Las provincias parecían sumidas en una modorra letárgica. Así transcurrió el mes de enero, a fines del cual, temeroso Riego de que se extinguiera la llama revolucionaria en la Isla de León, formó, contra el parecer de Quiroga y los demás jefes, una columna volante de mil quinientos hombres y emprendió la marcha sobre una parte de Andalucía, a la vista de fuerzas diez veces superiores a las suyas, que le perseguían, y proclamando la Constitución en Algeciras, Ronda, Málaga, Córdoba, etc.; en todas partes fue recibido amistosamente por los habitantes, pero sin provocar en ningún sitio un pronunciamiento serio. Mientras tanto, sus perseguidores, que consumieron todo un mes en infructuosas marchas y contramarchas, no parecían desear otra cosa que rehuir en lo posible cualquier contacto con su pequeño ejército. La conducta de las tropas del Gobierno era completamente inexplicable. La expedición de Riego, iniciada el 27 de enero de 1820, terminó el 11 de marzo, día en que se vio obligado a licenciar a los pocos hombres que aún le seguían. Su pequeño destacamento no fue deshecho en una batalla decisiva, sino disgregado por la fatiga, las incesantes escaramuzas con el enemigo, las enfermedades y las deserciones.

Mientras tanto, la situación de los insurrectos de la Isla de León no era nada esperanzadora. Continuaban bloqueados por mar y tierra y, dentro de la ciudad de Cádiz, todas las manifestaciones a favor de su causa eran sofocadas por la guarnición. ¿Cómo ocurrió, pues, que habiendo licenciado Riego en Sierra Morena a las tropas constitucionales el 11 de marzo, se viera Fernando VII obligado a jurar la Constitución en Madrid el 9 del mismo mes, de suerte que Riego consiguió en realidad su objetivo dos días justos antes de dar por perdida su causa?

La marcha de la columna de Riego había atraído de nuevo la atención general. Las provincias eran todo expectación y seguían con ansiedad cada movimiento. Las gentes, sorprendidas por la intrepidez de la salida de Riego, por la celeridad de su marcha y por la energía con que rechazaba al enemigo, se imaginaban victorias inexistentes y adhesiones y refuerzos jamás logrados. Cuando las noticias de la empresa de Riego llegaban a las provincias más distantes, iban agrandadas en no escasa medida, y por esto las provincias más lejanas fueron las primeras en pronunciarse por la Constitución de 1812. Hasta tal punto había madurado España para una revolución que incluso noticias falsas bastaban para producirla. También fueron noticias falsas las que originaron el huracán de 1848.

En Galicia, Valencia, Zaragoza, Barcelona y Pamplona estallaron insurrecciones sucesivas. José Enrique O'Donnell, alias conde de La Bisbal, llamado por el rey para combatir la expedición de Riego, no sólo prometió tomar las armas contra éste, sino destruir su pequeño ejército y apoderarse de su persona. Lo único que pidió fue el mando de las tropas acantonadas en La Mancha y dinero para sus necesidades personales. El rey en persona le entregó una bolsa de oro y el nombramiento indispensable para las tropas de La Mancha. Pero, a su llegada a Ocaña, La Bisbal se puso personalmente a la cabeza de las tropas y proclamó la Constitución de 1812. La noticia de esta defección levantó el ánimo público de Madrid, donde, nada más saberse, estalló la revolución. El Gobierno comenzó entonces a parlamentar con la revolución. En un edicto fechado el 6 de marzo, el rey prometía convocar las antiguas Cortes, reunidas en estamentos, edicto que no satisfacía a ningún partido, ni al de la vieja monarquía ni al de la revolución. A su regreso de Francia, Fernando VII había hecho la misma promesa y después no la había cumplido. En la noche del 7 de marzo hubo manifestaciones revolucionarias en Madrid, y la *Gaceta* del día 8 publicó un edicto en el que Fernando VII prometía jurar la Constitución de 1812. «Marchemos francamente –decía en este decreto–, y yo el primero, por la senda constitucional». Invadido el palacio por el pueblo el día 9, el rey pudo salvarse solamente restableciendo en Madrid el Ayuntamiento de 1814, ante el cual juró la Constitución. A Fernando VII, por su parte, le tenía sin cuidado jurar en falso, ya que disponía siempre de un confesor presto a concederle la plena absolución de todos los pecados posibles. Simultáneamente se instituyó una junta consultiva, cuyo primer decreto puso en libertad a los presos políticos y autorizó el regreso de los emigrados políticos. Abiertas las cárceles, mandaron a Palacio el primer Gobierno constitucional. Castro, Herreros y A. Argüelles, que formaron el primer gabinete, eran mártires de 1814 y diputados de 1812. La verdadera causa del entusiasmo provocado por el advenimiento de Fernando VII al trono había sido la alegría producida por el alejamiento de Carlos IV, su padre. Del mismo modo, el entusiasmo general que acompañara a la proclamación de la Constitución de 1812 fue debido a la alegría que produjo el alejamiento de Fernando VII. En cuanto a la Constitución misma, ya sabemos que, cuando hubo sido terminada, no quedaba territorio donde proclamarla. Para la mayoría del pueblo español era como el dios desconocido que los antiguos atenienses adoraban.

En nuestros días, algunos escritores ingleses, aludiendo expresamente a la actual revolución española, han afirmado, por una parte, que el movimiento de 1820 no fue más que una conspiración militar y, por otra, que se redujo a una intriga rusa. Ambas afirmaciones son igualmente ridículas. Por lo que se refiere a la insurrección militar, hemos visto que la revolución triunfó pese al fracaso de aquélla. Y el enigma por descifrar no está en el complot en que participaron 5.000 soldados, sino en que dicho complot fue sancionado por otro complot de un ejército de 35.000 hombres y una lealísima nación de doce millones de habitantes. El que la revolución prendiera antes en la tropa se explica fácilmente por el hecho de que el ejército era, de todos los órganos de la monarquía española, el único que había sido radicalmente transformado y ganado para la revolución durante la Guerra de la Independencia. En cuanto a la intriga rusa, no puede negarse que la mano de Rusia anduvo en los asuntos de la revolución española; que ella fue la primera potencia europea que reconoció la Constitución de 1812 por el tratado de Velikie Luki[15], firmado el 20 de julio de 1812; que ella fue la primera en fomentar la revolución de 1820, la primera en denunciarla a Fernando VII, la primera en prender la antorcha de la contrarrevolución en varios puntos de la Península y la primera en protestar solemnemente ante Europa contra la revolución y obligar, por último, a Francia a una intervención armada para reprimirla. Monsieur de Ta-

15. Tratado entre el Gobierno ruso y representantes de las Cortes de Cádiz –a la cabeza de los cuales iba Cea Bermúdez– por el cual se establecían relaciones amistosas entre Rusia y España, destinadas a aliarse contra la Francia napoleónica y a fomentar los vínculos comerciales entre ambos países.

tíschev, el embajador ruso, era sin duda el personaje más destacado de la Corte de Madrid, la cabeza invisible de la camarilla. Había logrado introducir en la Corte a Antonio Ugarte, un pobre diablo de baja estofa, y ponerlo a la cabeza de los frailes y fámulos que, desde su consejillo secreto, manejaban el cetro en nombre de Fernando VII. Por mediación de Tatíschev, Ugarte fue nombrado director general de las expediciones contra América del Sur; y, por mediación de Ugarte, se designó al duque de San Fernando ministro de Estado y presidente del Consejo. Ugarte sirvió de intermediario para la adquisición de buques inservibles en Rusia para la expedición a América del Sur, en pago de lo cual se le concedió la Orden de Santa Ana. Ugarte impidió que Fernando VII y su hermano Don Carlos se presentaran al ejército en el primer momento de la crisis. Él fue el misterioso causante de la inexplicable pasividad del duque de San Fernando y de las medidas que hicieron decir en París a un liberal español en 1836: «Apenas puede uno resistirse a creer que el Gobierno mismo proporcionó los medios para derribar el orden de cosas existente». Si añadimos el curioso hecho de que el presidente de los Estados Unidos elogió a Rusia en un mensaje[16] por haberle prometido que no toleraría que España se inmiscuyera en las colonias de América del Sur, pocas

16. Se refiere al mensaje que el presidente estadounidense James Monroe dirigió al Congreso norteamericano el 2 de diciembre de 1823 en el que definía la llamada «doctrina Monroe». Véase «Monroe» en el glosario.

dudas pueden quedar respecto al papel de Rusia en la revolución española. Pero ¿qué prueba todo esto? ¿Que Rusia produjo la revolución de 1820? De ningún modo; lo único que prueba es que Rusia impidió al Gobierno español oponerle resistencia. Que la revolución habría derribado tarde o temprano la monarquía absoluta y clerical de Fernando VII es cosa probada, primero, por la serie de conspiraciones que se venían sucediendo desde 1814; segundo, por el testimonio del señor de Martignac, el comisario francés que acompañó al duque de Angulema durante la invasión legitimista en España; y tercero, por un testimonio que no cabe rechazar: el del propio Fernando VII.

En 1814, Mina intentó una sublevación en Navarra, dio la primera señal para la resistencia con un llamamiento a las armas y penetró en la fortaleza de Pamplona; pero, desconfiando de sus propios partidarios, huyó a Francia. En 1815, el general Porlier, uno de los más famosos guerrilleros de la Guerra de la Independencia, proclamó en La Coruña la Constitución. Fue ejecutado. En 1816, Richard intentó apoderarse del rey en Madrid. Fue ahorcado. En 1817, el abogado Navarro y cuatro de sus cómplices perecieron en el cadalso en Valencia por haber proclamado la Constitución de 1812. En el mismo año, el intrépido general Lacy fue fusilado en Mallorca, acusado del mismo crimen. En 1818, el coronel Vidal, el capitán Sola y otros que habían proclamado la Constitución en Valencia fueron vencidos y pasados por las armas. La conspiración de la Isla de León no era, pues, sino el último eslabón de una cadena formada con las cabezas sangrantes de tantos hombres valerosos de 1808 a 1814.

El señor de Martignac, que en 1832, poco antes de su muerte, publicó su obra *L'Espagne et ses révolutions,* hace la siguiente declaración:

> Dos años habían transcurrido desde que Fernando VII recuperara su poder absoluto y aún continuaban las proscripciones dictadas por una camarilla reclutada entre las heces de la sociedad. Toda la máquina del Estado había sido vuelta de arriba abajo. No reinaba sino el desorden, el abatimiento y la confusión. Los impuestos estaban repartidos de la manera más desigual. La situación de la Hacienda era deplorable: para los empréstitos no existía crédito alguno, era imposible atender a las más apremiantes necesidades del Estado, el ejército no percibía sus pagas, los magistrados se retribuían a sí mismos por medio de la venalidad, la corrompida y ociosa administración era incapaz de implantar mejora alguna ni aun de conservar nada. De aquí el descontento general del pueblo. El nuevo sistema constitucional fue acogido con entusiasmo por las grandes ciudades, por las clases comerciales e industriales, los hombres de profesiones liberales, el ejército y el proletariado. Tropezó con la resistencia de los frailes y causó estupor entre la población rural.

Ésas son las confesiones de un moribundo que había servido de instrumento maestro para derrocar ese nuevo sistema. Fernando VII, en sus decretos de 1 de marzo, 11 de abril y 1 de junio de 1817, 24 de noviembre de 1819, etc., confirma literalmente lo dicho por el señor de Martignac y resume sus lamentaciones con estas palabras: «El clamor de las quejas populares que llega hasta nuestros oídos reales nos saca de quicio». Esto demuestra que no hacía falta ningún Tatíschev para provocar una revolución española.

Nueve

New York Daily Tribune,
23 de marzo de 1855.

Monsieur Chateaubriand, en su *Congrès de Verone,* acusa a la revolución española de 1820-1823 de no haber sido más que una parodia servil de la primera Revolución Francesa, interpretada en suelo madrileño y con trajes castellanos. Chateaubriand olvida que no podemos esperar que las luchas de los diferentes pueblos que emergen del feudalismo, y que avanzan hacia la civilización burguesa, no se diferencien más que por el colorido peculiar derivado de la raza, por la nacionalidad, el idioma, las costumbres del lugar y la vestimenta. Su recriminación nos recuerda a las señoras mayores que sospechan con ardor que todas las muchachas enamoradas imitan sus mejores tiempos.

Se ha escrito toda una biblioteca a favor y en contra de la Constitución de 1812, cuya proclamación, en 1820, dio paso a una lucha de tres años entre los prejuicios e intereses de la vieja sociedad y los deseos y aspiraciones de la nueva. La Constitución de 1812 llevaba fuertemente impreso aquel mismo sello de impracticabilidad que tanto caracteriza a todas las cartas constitucionales bosquejadas originalmente por naciones modernas en su época de regeneración. Son impracticables en la época revolucionaria a la que deben su origen, y no por este u otro párrafo, sino simplemente por su naturaleza constitucional. Están fuera de lugar en la época constitucional por hallarse impregnadas de grandes ilusiones, inseparables del nacimiento de la regeneración social. La Constitución francesa de 1791, por ejemplo, considerada justamente reaccionaria en su tiempo, habría sido tildada de jacobina en 1830. ¿Por qué? En 1791 el poder real y las fuerzas dirigentes del Antiguo Régimen que ella representaba no habían sufrido aún las transformaciones debidas que les permitirían combinarse y estar presentes entre los elementos de la nueva sociedad. Lo que se quería entonces era que la acción revolucionaria rompiese con la resistencia del Antiguo Régimen y no una Constitución sancionando un imposible compromiso con ella. Al contrario, en 1830, cuando llegó a ser posible una monarquía limitada, se entendía, por lo general, que ésta significaba el dominio de la burguesía y no la emancipación del pueblo. La Constitución de 1791 debió de aparecer entonces como un anacronismo incendiario. Los mismos argumentos pueden ser bien aplicables a la Constitución española de 1812, pero aún queda por hacer una distinción entre la Francia de 1791 y la España de 1820: la Constitución de 1791 sólo pretendía hacer un alto en una marcha revolucionaria de dos años, mientras que la Constitución de 1812 pretendía culminar la revolución. España, el día anterior un despotismo oriental, iba a ser, al día siguiente, una democracia con un monarca a su cabeza. Tales cambios repentinos son muy propios de la historia de España.

Fernando VII, cuando restauró el poder absoluto en 1823, así como en 1814, deshizo de un plumazo todo lo que había sido realizado en el interregno revolucionario. Los revolucionarios, por su parte, actuaron de la misma manera. En 1854, el pueblo español apoyó a Espartero, con quien ya habían terminado en 1843. En 1814, Fernando VII puso fin a la revolución negándose a jurar la Constitución de Cádiz. El año 1820 comenzó forzándole a prestar juramento a esa misma Constitución. Volvió a reunir las mismas Cortes que disolvió dos años atrás, y nombró como ministros a los mismísimos hombres que desterró o encarceló en 1814. En España todos los partidos, con igual obstinación, arrancan de cuajo todas las páginas del libro de su historia nacional que no hayan escrito ellos mismos. De ahí estos cambios repentinos, estas monstruosas exacciones y estas interminables e ininterrumpidas contiendas. De ahí, también, esa indeleble perseverancia que puede ser derrotada pero nunca desalentada ni disuadida.

El primer Gobierno constitucional, cuyo jefe puede ser considerado don Agustín Argüelles, fue, como hemos visto, formado por los mártires de 1814. En general, los mártires son personajes políticos muy peligrosos. Desflorados, por así decirlo, por la conciencia de sus fracasos pasados; hinchados por una idea exagerada de sus pasados méritos; inclinados a atribuirse las mejores capacidades por su atenuado valor; propensos a declarar terminada la era de la revolución cuando llegan al gobierno; prestos a asumir, por el mero hecho de su rehabilitación, el carácter de legitimistas revolucionarios o de revolucionarios legitimados; hipercelosos de los hombres nuevos, sorprendidos de ver que son sus rivales; vacilando, constantemente, entre el miedo a la contrarrevolución y el temor a la anarquía; inducidos por la fuerza de las circunstancias a comprometerse con la primera, para no ser barridos por la segunda o ver derrocados lo que solían llamar los verdaderos límites del progreso.

Tal era el gabinete de Argüelles. Durante los cuatro meses que transcurrieron desde su formación hasta la reunión de las Cortes, todo tipo de autoridad pública estaba, de hecho, suspendida. Juntas en las provincias y en la capital, clubes públicos apoyados por sociedades secretas, una prensa por primera vez popular y desenfrenada, demandas tempestuosas, cantos patrióticos, erección de monumentos constitucionales, manifestaciones de fervor acordes con una nación que recupera su libertad, y, sin embargo, ningún acto de venganza, ningún crimen cometido y un despliegue de magnanimidad que no era de esperar en naturalezas meridionales acostumbradas a abandonarse a la impetuosidad de sus pasiones.

Las Cortes, al fin, abrieron su primera sesión el 9 de julio de 1820. Nombraron presidente a don José Espiga, arzobispo de Sevilla. Fernando VII juró sobre el Evangelio observar la Constitución de Cádiz ante las Cortes, como lo hizo antes en los ayuntamientos. Dijo: «Tan pronto como el exceso del inmerecido sufrimiento condujo a una definida expresión los deseos largamente reprimidos de la gente, me apresuré a seguir el camino que ellos me indicaron y presté juramento de fidelidad a la Constitución de Cádiz de 1812. Desde este momento el rey y el pueblo entraron en sus derechos legítimos. *Mi decisión fue libre y voluntaria*»[17]. Fernando VII, un cobarde despótico; un tigre con corazón de liebre; un hombre tan ávido de autoridad como incapaz de ejercerla; un príncipe que fingía tener poder absoluto para renunciar a él dejándolo en manos de sus lacayos; orgulloso, sin embargo, de una cosa: a saber, su perfecto dominio de la hipocresía. Exagerar su propia humillación ante un enemigo victorioso le hacía sentir cierto tipo de satisfacción, resuelto, como estaba, a vengar, en el momento oportuno, su abyección con perfidia aún más asombrosa. Cuando fue prisionero de Napoleón, le agradeció humildemente el refugio que le había proporcionado y mendigó la mano de una princesa de la familia Bonaparte. Cuando Bonaparte negoció con él su restauración en el trono de España, declaró, en una carta aduladora, que él sería el más mezquino de los mortales y un ejemplo en Europa si alguna vez resultaba desagra-

17. Marx cita de Henry Winter Davis, *The War of Ormuzd and Ahriman in the Nineteenth Century*, 1852 (MEGA I/13, p. 959).

decido con su benefactor imperial. Simultáneamente escribía una carta secreta a la Regencia de Madrid informándoles de que, una vez puesto en libertad, su primer acto sería traicionar al emperador francés. Cuando el 9 de julio de 1820 juró de nuevo la Constitución declarando que su «decisión fue libre y voluntaria», el conde de España y el señor Pons ya estaban negociando en su nombre, en París, con el Pabellón Marsan –a saber, con el conde de Artois (futuro Carlos X) y su camarilla– sobre la manera de subvertir esa misma Constitución.

Hubo algunos momentos en su vida política, como por ejemplo el decreto del 30 de septiembre de 1823, en los que hizo falsas promesas de la manera más solemne sin ningún otro propósito que el mero placer de romperlas. El trabajo serio de la contrarrevolución lo confió por completo a los partidarios del Antiguo Régimen, reservando para sí mismo el alentar sus esfuerzos en toda manera posible, mas con cautela, para repudiarlos si no resultaban afortunados y entregarlos al rencor de sus enemigos en caso de ser derrotados. Jamás un mortal soportó los sufrimientos ajenos con más estoica apatía. De manera oficial se limitaba a hacer notorio su desencanto ante la Constitución haciéndose el tonto. Una noche, por ejemplo, escribió una carta al jefe del gabinete con el propósito de comunicarle que había nombrado al general Contador ministro de Guerra. Los ministros, en un brete al no encontrar a un tal Contador en la lista del ejército, se asombraron al descubrir, al fin, que Contador era un exjefe de un escuadrón que contaba 84 años y hacía ya tiempo que estaba incapacitado para cualquier tipo de servicio. Los ministros, tan insolentemente burlados, presentaron su dimisión. Fernando, tras calmar los ánimos, propuso reemplazar a Contador por el general Martínez Rodríguez, tan desconocido como su predecesor. Llevadas a cabo nuevas y molestas investigaciones, resultó que Martínez había sido gravemente herido en la cabeza en Badajoz por la explosión de un barril de pólvora y que nunca recuperó el juicio desde aquel accidente. Fernando VII era una suerte de virtuoso en el arte de la audacia pasiva y la cobardía activa; él nunca rehuyó provocar una catástrofe, resuelto, como estaba, a anticiparse al peligro.

La mayoría de las Cortes estaba compuesta por diputados de las Cortes de Cádiz, los autores de la Constitución y sus partidarios, mientras que la minoría estaba compuesta de hombres que habían conspirado para restablecerla. La mayoría consideraba la proclamación de la Constitución como la culminación de la revolución, mientras que la minoría la consideraba como el comienzo. Los primeros se habían hecho con el poder del Gobierno, mientras que los segundos aún se esforzaban por conseguirlo. De esta guisa, se hizo inevitable un cisma entre los liberales de 1812 y los de 1820, entre los moderados y los exaltados. Si la influencia de los liberales de 1812 era la predominante en las Cortes, los de 1820 eran los fuertes en los clubes, la prensa y la calle. Si los primeros disponían de la Administración, los segundos contaban con el ejército de la Isla, aún concentrado en Andalucía, reforzado con unos regimientos que no habían participado en la revuelta militar y bajo el mando supremo de Riego, dado que Quiroga había sido enviado a las Cortes como diputado. Con el fin de romper la fortaleza de los exaltados, el marqués de las Amarillas, ministro de la Guerra, disolvió el ejército de la Isla tras haber separado a Riego de sus tropas con el pretexto de nombrarle capitán general de Galicia. Apenas había sido disuelto el ejército de la Isla –los únicos cuerpos militares españoles que merecían el nombre de ejército– cuando las primeras Partidas de la Fe hicieron su aparición en Castilla y el norte de España.

Riego, llamado secretamente por sus partidarios, apareció de repente el 31 de agosto en Madrid, donde se convirtió en el ídolo del pueblo, que le recibió entre grandes ovaciones y un entusiasmo desbordante, lo que el Gobierno vio como una calamidad general. Resolvieron exiliarlo a Oviedo –tras haber enviado también a otros oficiales de la Isla a diferentes plazas–. A pesar de que Riego no opuso resistencia a este acto arbitrario de proscripción, los ministros, temiendo que una insurrección pudiera irrumpir en su salida nocturna de Madrid, llamaron a las armas a la guarnición, ocuparon los lugares principales y llenaron las calles de Madrid con artillería. Mientras, al día siguiente, Argüelles propuso en las Cortes que se debían tomar medidas contra las asambleas populares, lo que Toreno y Martínez de la Rosa apoyaron calurosamente. Es éste el día, el 7 de septiembre de 1820, en el que la ruptura abierta entre las dos facciones liberales y el retroceso del movimiento revolucionario tienen que ser fechados. La aristocracia liberal y los rangos más altos de la clase media de la Península fueron entonces poseídos por el mismo fanatismo hacia el orden, por las mismas quejas de incesantes agitaciones y por la misma impaciencia enfurecida ante cada síntoma de efervescencia popular que Europa presenció durante las primeras semanas después de la revolución de 1848.

Fernando VII, que se había retirado a El Escorial con su confesor Víctor Sáez, consideró oportuno tantear el terreno una vez concluida la primera sesión de las Cortes, el 9 de noviembre de 1820. A pesar de la Constitución, nombró por decreto real, sin el refrendo del ministro responsable, como capitán general de Nueva Castilla y comandante de Madrid al general Carvajal en el lugar del general Vigodet, quien se negó, sin embargo, a dejar su puesto en manos de Carvajal. El gabinete, creyéndose perdido, apeló al mismo partido al que antes había perseguido. También apeló a los directores de los clubes y acogió de la manera más afable una violenta circular del Ayuntamiento de Madrid en la que se insistía en que el rey volviese a la capital. Una circular parecida fue redactada por la Comisión Permanente, que representaba a las Cortes en su ausencia. La guarnición y la milicia se pusieron en pie de guerra; las sesiones de los clubes se hicieron permanentes; el pueblo estalló profiriendo amenazas insultantes contra el rey; los diarios propagaban abiertamente la insurrección y parecía inminente una expedición en masa a El Escorial para traer al rey. Doblegándose ante la tempestad, Fernando revocó su ofensivo decreto, despidió a su antiliberal confesor y volvió con toda su familia a Madrid, adonde llegó el 21 de noviembre de 1820. Su entrada se parecía a la de Luis XVI y su familia en su retorno forzado de Versalles a París el 6 de octubre de 1789.

El gabinete no obtuvo el apoyo de los liberales de 1820 sin darles la debida compensación: la destitución del marqués de las Amarillas del Ministerio del Ejército –quien después se declaró abiertamente ferviente partidario de la monarquía absoluta– y el ascenso de los oficiales de la Isla a mandos separados. Riego fue nombrado capitán general de Aragón; Mina, capitán general de Galicia, y Velasco, capitán general de Extremadura. El gabinete de los mártires, flotando vacilante entre el miedo a la reacción y la alarma ante la anarquía, se ganó por igual el descrédito de todos los partidos. En cuanto a la familia real, su posición –en palabras de un legitimista absoluto– «continúa precaria debido al indiscreto celo de los realistas que se hizo imposible controlar».

Al abrirse la segunda sesión, el 1 de marzo de 1821, el rey desempeñó su papel en el tono y con los gestos de un orador electoral. No contento con limitarse a recitar el discurso que le había redactado el gabinete, dejó perplejos a los ministros alterando el texto en sentido revolucionario, coloreando los pasajes más decisivos, como el relativo a la invasión de Nápoles por Austria. Por un momento creyeron haberle hecho un converso, pero pronto quedaron desengañados. Fernando terminó su discurso con una acusación fulminante a sus propios ministros, diciendo que consintieron exponerlo a las amenazas e insultos que no hubieran tenido lugar de haber empleado el gobierno toda la energía y vigor que requiere una Constitución y de haberlo querido así las Cortes.

El discurso constitucional del rey fue sólo el preludio de la caída del gabinete y el nombramiento de otro que, para gran sorpresa de la nación, no estaba compuesto por ningún solo miembro vinculado a las nuevas instituciones, o que no hubiera figurado como agente del despotismo en el anterior Gobierno.

El jefe del nuevo gabinete, Feliu, exsubteniente de un regimiento de la milicia de Lima y diputado en las Cortes por Perú en 1812, era conocido, incluso en la época de las Cortes de Cádiz, como un venal y sutil intrigante. Bardají, ministro de Asuntos Exteriores, era un exdiplomático vinculado a los jefes del gabinete absolutista, y Pelegrín, exmiembro del Consejo de Castilla, alardeaba de ser un devoto de la Santa Alianza. El objetivo declarado de este gabinete, que ni siquiera podía pretender influencia alguna sobre las Cortes, era «restaurar el orden y suprimir la anarquía». En consecuencia, los exaltados fueron de nuevo destituidos de sus cargos y se entregó todo el poder al partido servil. Los puestos más importantes fueron confiados a hombres conocidos por su odio al sistema prevaleciente, corriendo un velo sobre todas las conspiraciones realistas que habían brotado en la Península y poniendo en libertad a sus responsables, encarcelados casi todos por el pueblo. El general Morillo, conde de Cartagena, había llegado recientemente de Terra Firma[18], donde se había hecho notar por su ferocidad, su estilo dictatorial, su falta de honradez y una guerra fratricida de seis años que llevó a cabo con fanático entusiasmo. A su regreso, se quedó unos pocos días en París. Contactó con las intrigas del Pabellón Marsan, y los periódicos ultras parisinos le señalaban como el hombre que tenía que devolver al rey sus antiguos derechos y destruir la influencia de las Cortes. Cuando llegó a Madrid, el gabinete prodigó sobre él las más vigorosas expresiones de deferencia y respeto y lo nombró caudillo de la ciudad y de la provincia de Madrid. Aparentemente, era éste el nombramiento que el partido servil estaba esperando para llevar a cabo un golpe de Estado. El brigadier don José Martínez San Martín, hombre de energía inflexible e ideas marcadamente legitimistas, se unió a Morillo en calidad de *jefe político* de la capital. Mientras la capital parecía sobrecogida por el terror que infundía el nombre de Morillo, Cataluña y Galicia se convirtieron en escenarios de apasionadas disputas. Cádiz, Sevilla y Badajoz comenzaron una revuelta abierta. Se negaron a admitir a los oficiales del Gobierno y rehusaron reconocer toda orden real, a menos que el gabinete fuera destituido. En un mensaje fechado el 25 de noviem-

18. América.

bre de 1821, el rey convocó a las Cortes para poner freno a estos desórdenes. Las Cortes, en su respuesta, redactada por don José María Calatrava, criticaban la conducta de Cádiz y Sevilla, pero insistían en la destitución del gabinete, que había perdido la confianza de su país, y «la fuerza moral para dirigir un gobierno». A pesar de este voto de desconfianza, Fernando no creyó apropiado componer otro gabinete hasta cuarenta y ocho horas antes de la apertura de las nuevas Cortes el 1 de marzo de 1822.

Celebradas las elecciones a Cortes en el momento en el que las pasiones populares estaban exaltadas por el curso contrarrevolucionario del Gobierno, por las noticias de la intervención armada de Austria para abolir la Constitución española proclamada en Nápoles y por los saqueos de las Partidas de la Fe en diferentes puntos de la Península, los liberales de 1820, los llamados exaltados, tuvieron, claro está, una gran mayoría. «La amplia mayoría de la nueva legislatura –comenta un moderado–, no poseyendo nada, nada tenía que perder». Pertenecían casi exclusivamente a las filas plebeyas de la clase media y al ejército. La diferencia entre ellos y sus predecesores puede ser comprendida por el simple hecho de que mientras los últimos habían designado como su presidente al arzobispo de Sevilla, los primeros, por su parte, llamaron para la silla presidencial al héroe de Las Cabezas, don Rafael del Riego.

El nuevo gabinete, compuesto por exdiputados de las Cortes de 1820, fue formado por Martínez de la

Rosa, quien aceptó el Ministerio de Asuntos Exteriores. Martínez de la Rosa –hombre que desde entonces desempeñaría un papel importante en el reinado de la inocente Isabel, diputado en las efímeras Cortes de Madrid de 1814, perseguido durante el período de reacción, un moderado *par excellence* y uno de los poetas y prosistas españoles más elegantes– hizo gala en todo momento de ser un verdadero partidario de la escuela doctrinaria de los Guizot, cuya moderación consiste en una idea fija en virtud de la cual las concesiones a la masa de la humanidad nunca pueden ser de naturaleza demasiado moderada. Se regocijan con la erección de una aristocracia liberal y el dominio supremo de la burguesía, combinado con la mayor cantidad posible de abusos y tradiciones del Antiguo Régimen. Martínez de la Rosa, abrumado por la cortesía, halagado y adulado por los sucesivos embajadores de Francia en Madrid –el príncipe Laval de Montmorency y el conde de Lagarde–, tuvo como objetivo modificar la Constitución de 1812 estableciendo una Cámara de los Pares, ofreciendo al rey un poder de veto absoluto, introduciendo el requisito de propiedad para la Cámara Baja e imponiendo restricciones a la prensa. Desde 1834 hasta 1836, este incorregible doctrinario tuvo el placer de ser testigo de la presentación y caída de la malograda Constitución que él había urdido en 1822. Los diplomáticos franceses le dieron a entender que la corte de las Tullerías daría su aprobación a instituciones similares a aquellas que existían en Francia, mientras que él estaba convencido de que el rey no se opondría a una Carta que había permitido a Luis XVIII hacer lo que quería. El rey, por su parte, engatusaba al vanidoso moderado, a quien intentó, como fue posteriormente comprobado, mandar directamente desde palacio al patíbulo.

De acuerdo con el plan tramado entre la camarilla y el gabinete, había que hacer la vista gorda ante todas las conspiraciones y aguantar que reinara la confusión, para que, después, con la ayuda de Francia, se impusiera orden y se diera a la nación una Carta moderada capaz de perpetuar el poder y la influencia de sus promotores originales y ganarse a las clases privilegiadas para el nuevo sistema. En consecuencia, en oposición a las sociedades secretas de los liberales, se fundó una sobre principios moderados –la Sociedad del Anillo–, cuyos miembros actuarían conjuntamente con el gabinete. Se distribuyó dinero en abundancia entre los guardias reales, pero al denunciarse este reparto ante el gabinete por miembros de la Milicia Nacional, éstos fueron ridiculizados por la misma guardia real, que trató su información como síntoma de radicalismo y republicanismo. El Regimiento de Coraceros Reales, acuartelado en Andalucía, fue completamente corrompido; se propagaron informes alarmantes en diferentes provincias, donde se enviaron a miembros de la Sociedad del Anillo como jefes políticos. Al mismo tiempo, los tribunales recibieron instrucciones secretas para tratar con gran indulgencia toda conspiración que pudiera caer bajo sus poderes judiciales. El objetivo de estos procedimientos era incitar una explosión en Madrid que debía de coincidir con otra en Valencia. El general Elío, el traidor de 1814, entonces prisionero en esta ciudad, se colocaría él mismo al frente de la contrarrevolución en la parte oriental de España, ya que la guarnición de Valencia estaba compuesta de un solo regimiento, muy vinculado a él mismo, y, por tanto, hostil al sistema constitucional. El diputado Bertrán de Lis, en la asamblea de las Cortes, suplicó a los ministros que retirasen ese cuerpo de militares de Valencia, y al mostrarse inflexibles, propuso una moción de censura. El día señalado para la explosión era el último día de mayo (1822), fiesta de San Fernando. La Corte se encontraba entonces en Aranjuez. Al darse la señal, los guardias invadieron las calles y, apoyados por la turba de Aranjuez, se reunieron ante el palacio profiriendo gritos de «¡Larga vida a nuestro rey absoluto! ¡Abajo la Constitución!». Con todo, esta revuelta fue inmediatamente extinguida por el general Zayas, y el simultáneo motín de Valencia, tras un sangriento combate entre la milicia y los soldados, no tuvo mayor éxito. Los fracasos de Aranjuez y Valencia sólo sirvieron para exasperar a los liberales. Los partidos se preparaban para la autodefensa en todas partes. Cuando la agitación se propagó por doquier, los ministros fueron los únicos que permanecieron como espectadores pasivos en medio de la confusión que anunciaba una tormenta inminente.

Anexos

Junta Central (borrador)

26 de septiembre de 1808 (Aranjuez)-
29 de enero de 1810.

Una vez evacuado Madrid por los franceses, se esperaba que Napoleón reapareciera pronto a la cabeza de un ejército más poderoso. Entonces, las medidas para la defensa común se volvieron inevitables y fue un sentimiento generalizado que la poliarquía de las Juntas provinciales –cuyas disensiones se hicieron aún más clamorosas tras el éxito de Bailén– daría lugar a algún tipo de Gobierno central. Las Juntas, sin embargo, ansiosas por retener su cota de poder, decidieron, a propuesta de la Junta de Sevilla, seleccionar cada una a dos diputados de su cuerpo de cuya reunión había de constituirse el Gobierno central, mientras que las Juntas mantendrían el gobierno interno en sus respectivas provincias. De esta guisa, el 26 de septiembre de 1808 se reunió en Aranjuez una Junta Central compuesta por 34 diputados provenientes de las Juntas provinciales, que permaneció al frente de los asuntos hasta el 29 de enero de 1810. El invasor forzó el traslado de la Junta Central de Madrid a Sevilla, primero, y de Sevilla a Cádiz, después. Mientras dichos diputados libraban una batalla de edictos desde el Palacio Real de Aranjuez, los franceses forzaron el paso de Somosierra, y mientras entretenían al pueblo con vigorosas proclamas desde Sevilla, perdieron los pasos de Sierra Morena y el ejército de Soult invadió Andalucía. Cuando «Su Majestad» –tal era el título asumido por la Junta– huyó de Sevilla, Cádiz era el único refugio. Si el duque de Alburquerque, quien hizo marchar sus tropas sobre Cádiz, hubiese obedecido las órdenes de continuar hacia Córdoba, su propio ejército habría quedado aislado, Cádiz tendría que haberse rendido a los franceses y habría sido el final de toda suerte de poder central en España. Durante el reinado de la Junta Central, los ejércitos españoles desaparecieron del mapa, se sucedieron vergonzosas derrotas una tras otra, y la desastrosa batalla de Ocaña (19 de noviembre de 1809) fue la última batalla campal en la que los españoles pelearon como ejército. En adelante, se limitaron a una guerra de guerrillas, donde rara vez, salvo en ciudades sitiadas como Zaragoza y Gerona, ofrecieron resistencia heroica a campo abierto con ejércitos regulares.

Estos pocos recuerdos de la Guerra española de Independencia son suficientes para caracterizar a la Junta Central. Al instaurarse, su gran objetivo fue la expulsión del ejército francés del suelo español. Sin embargo, fracasó de manera notoria. Los éxitos del ejército, más aún en circunstancias revolucionarias que en ordinarias, reflejan el carácter del Gobierno central. El mero hecho del abandono de la guerra regular en favor de las hazañas guerrilleras prueba la desaparición del centro nacional ante los centros locales de resistencia. ¿A qué se debe este fracaso del Gobierno nacional?

Ciertamente, la composición misma de la Junta Central no era la adecuada para la tarea impuesta. Eran demasiados y su composición demasiado fortuita para ejercer un poder dictatorial. Por otro lado, demasiado pocos para pretender la autoridad de una convención nacional. El simple hecho de que su poder proviniese de las Juntas provinciales les incapacitaba para superar la propensión al autogobierno, la mala fe, el caprichoso egoísmo de esas mismas Juntas. Los dos miembros más notables de la Junta Central, Floridablanca –ministro octogenario del despotismo ilustrado de Carlos III– y Jovellanos –un reformador bienintencionado cuyos excesivos escrúpulos de conciencia sobre los medios a utilizar le impedían llevar a buen puerto cualquier proyecto–, no eran, ciertamente, los más apropiados para lidiar con la terrible crisis en la que el país se hallaba inmerso. La sensación de su propia debilidad y el inestable ejercicio de su poder sobre el pueblo les mantuvieron en constante miedo y recelo hacia los generales en quienes habían sido obligados a confiar el mando militar. El general Morla, miembro, asimismo, de la Junta Central, se pasó al bando bonapartista después de que hubiera rendido Madrid a Napoleón. Cuesta, que había comenzado arrestando a los diputados leoneses de la Junta Central y tramando planes para la restauración de la vieja autoridad de los capitanes generales y de las Audiencias Reales, también parecía, después, ganarse la confianza del Gobierno a la par que iba perdiendo las batallas del país. La desconfianza de los diputados de la Junta Central en los generales La Romana y Castaños, el vencedor de Bailén, probó ser bien fundada por la abierta hostilidad que el primero les mostró en su discurso a la nación –dado en Sevilla, el 4 de octubre de 1809–, y el segundo, por su conducta cuando se convirtió en miembro de la Regencia. El duque de Alburquerque, quizás el único hombre, entre todos los generales de la época, capaz de dirigir una gran guerra, parecía singularmente dotado de todas las cualidades peligrosas de un dictador militar, razón más que suficiente para apartarlo de todo mando importante.

Tenemos, por tanto, que dar crédito al duque de Wellington cuando escribió a su hermano, el marqués de Wellesley, el 1 de septiembre de 1809: «Mucho me temo, por lo que he visto en las actas de la Junta Central, que en la distribución de sus fuerzas no han tenido tan en cuenta la defensa y operaciones militares como la intriga política y el logro de objetivos políticos insignificantes». El primer gobierno popular de España parecía asustado por el presentimiento del importante papel que los militares estaban llamados a desempeñar en sus disputas internas. Faltos como estaban de una verdadera fuerza revolucionaria por su propia composición, la Junta Central no pudo sino recurrir a intrigas mezquinas para controlar el ascendiente de sus propios generales. Por otro lado, incapaz de resistir la presión del clamor popular, a menudo forzaban a los generales a acciones precipitadas, cuando el éxito sólo podía esperarse del más cauto y prolongado espíritu defensivo.

Fragmento inédito

... [volver a poner bajo] la bandera de la revolución al ejército de Ballesteros, que, después de la capitulación de su jefe, quedó concentrado en Priego, a unas diez leguas al norte de Málaga.

Durante esta expedición, la segunda que hacía a Cádiz, fue hecho prisionero por una unidad del ejército del general Molitor, entregado a la banda apostólica y enviado a Madrid, donde lo ejecutaron el 7 de noviembre, cuatro días antes del regreso de Fernando a la capital.

> No por su culpa cayó Riego.
> Por traición
> de un vil Borbón[19].

19. Marx cita de Terence McMahon Hugues, *Revelations of Spain in 1845,* Londres. Vol. I, p. 224 (MEGA I/13, p. 975).

Cuando Fernando llegó a Madrid, fueron a visitarlo y cumplimentarlo oficiales de la banda del «Ejército de la fe»; cuando se hubieron marchado, Fernando exclamó, dirigiéndose a su séquito: «Son los mismos perros con distintos collares».

El número de frailes, que en 1822 llegaba a 16.310, se elevó en 1830 a 61.727, lo que supone un aumento de 45.417 en ocho años.

Según la *Gaceta de Madrid,* en un solo mes –del 24 de agosto al 24 de septiembre de 1824– fueron fusiladas, ahorcadas o descuartizadas 1.200 personas, y eso que aún no se había promulgado el bárbaro decreto contra los comuneros, los francmasones, etc. Fue clausurada para muchos años la Universidad de Sevilla, y en su lugar se abrió una escuela nacional de toreo.

Federico el Grande, conversando con su ministro de la Guerra, le preguntó qué país europeo le parecía más difícil de arruinar. Al ver que el ministro titubeaba, respondió por él: «Ese país es España, puesto que el Gobierno español hace ya muchos años que se empeña en arruinarlo y no lo puede conseguir»[20]. Diríase que Federico el Grande pronosticaba el reinado de Fernando VII.

La derrota de la revolución de 1820-1823 se explica fácilmente. Se trataba de una revolución de la clase media, más concretamente de una revolución urbana, en la que el campo –ignorante, rutinario y adicto al pom-

20. Marx cita de John Bramsen, *Remarks on the North of Spain,* Londres, 1823, p. 42 (MEGA I/13, p. 976).

poso ritual de los oficios divinos– guardó la actitud de observador pasivo ante la lucha, que apenas comprendía, entre los partidos. En las pocas provincias donde la población rural tomó, por excepción, parte activa en la pugna, lo hizo más al lado de la contrarrevolución, hecho que no debe extrañar en España, este «almacén de antiquísimas costumbres y depósito de todo lo que en otros sitios hace ya mucho que ha sido olvidado y superado»[21], país en que durante la Guerra de la Independencia había campesinos que calzaban espuelas tomadas en la armería de la Alhambra y estaban pertrechados con alabardas y lanzas de fina factura antigua, empleadas en las guerras del siglo XV. Además, era un rasgo peculiar de España el que todo campesino que tenía un escudo tallado en piedra sobre la puerta de su mísera cabaña se considerara hidalgo y que, en consecuencia, la población rural, aunque pobre y expoliada, no solía sentir la honda humillación que exasperaba a los campesinos del resto de la Europa feudal. El hecho de que el partido revolucionario no supiera vincular los intereses del campesinado con el movimiento de las ciudades fue reconocido por dos personajes que desempeñaron papeles destacados en la revolución: los generales Morillo y San Miguel. Morillo, del que en modo alguno puede sospecharse que simpatizara con la revolución, escribió desde Galicia al duque de Angu-

21. Marx cita de Richard Ford, *An Historical Enquiry into the Unchangeable Character of a War in Spain,* Londres, 1823, p. 51 (MEGA I/13, p. 976).

lema que «si las Cortes hubieran aprobado la ley de los derechos señoriales y desposeído, en consecuencia, a los Grandes de sus fincas rústicas en favor de las multitudes, el duque se habría enfrentado con amenazadores ejércitos, nutridos de fuerzas patrióticas que se habrían organizado espontáneamente, como sucedió en Francia en circunstancias análogas»[22].

Por otro lado, San Miguel (véase su *Guerra civil en España,* Madrid, 1836) decía que el mayor error de los liberales fue no haber tenido en cuenta que la inmensa mayoría del pueblo era indiferente y hostil a las nuevas leyes.

> Los numerosos decretos de las Cortes encaminados a mejorar la situación material del pueblo no podían dar con tanta rapidez los resultados inmediatos que requerían las circunstancias. Ni la reducción de los diezmos a la mitad ni la venta de las fincas de los monasterios contribuyeron a mejorar la situación material de las clases agrícolas inferiores. La última medida, por el contrario, al poner la tierra de manos de los indulgentes frailes en manos de los calculadores capitalistas, empeoró la situación de los antiguos arrendatarios, debido a la elevación de las rentas, con lo que la superstición de esta numerosa clase, instigada ya por la enajenación de los bienes de la Iglesia, obtuvo más pábulo por el impacto de los intereses materiales lesionados[23].

22. Marx cita de *Examen critique des révolutions d'Espagne de 1820 à 1823 et de 1836,* París, 1837, pp. 299-300 (MEGA I/13, p. 977).
23. Marx cita de Evaristo San Miguel, *De la guerra civil en España,* Madrid, 1836, pp. 81-82 (MEGA I/13, p. 977).

Alejados de este modo de la masa fundamental del pueblo, los revolucionarios de las ciudades por fuerza tenían que depender del ejército y de sus jefes en la lucha contra los Grandes, el clero rural, el poder monástico y la Corona, que representaban todos estos elementos caducos de la sociedad. Ya de por sí, la posición usurpada de este modo por el ejército en el campo revolucionario, sumada a lo lejos que se hallaba de las masas, lo convirtió en un instrumento peligroso para quienes lo empleaban, pero inofensivo para el enemigo al que debía hostilizar. Por último, las altas capas de la burguesía, los llamados moderados, no tardaron en perder su ardor revolucionario, y acabaron traicionando la causa de la revolución, cifrando sus esperanzas en que podrían llegar al poder merced a la intervención francesa y, de esa manera, recoger los frutos de la nueva sociedad sin hacer ningún esfuerzo ni admitir a los plebeyos a que participasen de ellos.

Los resultados positivos de la revolución de 1820-1823 no se circunscriben sólo al gran proceso de efervescencia que ensanchó las miras de capas considerables del pueblo y les imprimió nuevos rasgos característicos. Fue también producto de la revolución la misma segunda restauración, en la que los elementos caducos de la sociedad adoptaron formas que eran ya insoportables e incompatibles con la existencia de España como nación. Su obra fundamental fue que exacerbó los antagonismos hasta el grado de que ya no eran posibles los compromisos y se hacía inevitable una guerra sin cuartel. Según el propio lord Liverpool, jamás ha habido cambio político de importancia con menos encarnizamiento y efusión de sangre que la revolución española de 1820-1823. Por eso, cuando vemos que la guerra civil de 1833-1843 exterminó a sangre y hierro a los elementos caducos[24] de la sociedad española y se empañó con actos de canibalismo, no debemos atribuir la ferocidad inexorable de esta época al carácter peculiar de la nación española, sino a esa misma fuerza de las circunstancias que impuso el dominio del terror en Francia. Mientras los franceses centralizaron, y con ello redujeron el plazo del dominio del terror, los españoles, fieles a sus tradiciones, descentralizaron, y por consiguiente lo prolongaron. Debido a las tradiciones españolas, es poco probable que el partido revolucionario triunfara, de haber derrocado la monarquía. Entre los españoles, para vencer, la propia revolución hubo de presentarse como pretendiente al trono. La lucha entre los dos regímenes sociales hubo de tomar la forma de pugna de intereses dinásticos opuestos. La España del siglo XIX hizo su revolución con ligereza, cuando pudo haberle dado la forma de las guerras civiles del siglo XIV. Fue precisamente Fernando VII quien proporcionó al partido revolucionario y a la revolución un lema monárquico, el nombre de Isabel, en tanto que legaba a la contrarrevolución a su hermano Don Carlos, el Don Quijote de los autos de fe. Fernando VII no dejó de ser quien era hasta el fin de sus días. Si pudo engañar toda la vida a los libe-

24. Siguen las palabras, tachadas: «el poder feudal y monástico».

rales con falsas promesas, ¿podía privarse de la satisfacción de engañar a los serviles desde el lecho mortuorio? ¡En materia religiosa fue siempre escéptico! Jamás se habría persuadido de que alguien –ni siquiera el Espíritu Santo– pudiera ser tan bobo que dijera la verdad.

Glosario

absolutismo. Teoría y práctica del gobierno absoluto, caracterizado por el control total del Estado y la ausencia de poderes que rivalicen con el que se arroga para sí mismo: el poder ilimitado a gobernar. Su forma histórica más acabada se encuentra en el absolutismo monárquico, en el que la figura del rey personifica la soberanía. A diferencia del totalitarismo, absolutismo no significa uso arbitrario e indiscriminado del poder. Las justificaciones teóricas que lo respaldan, tanto racionalistas como teológicas, advierten que el absolutismo es un poder limitado cuyo objeto último es el mantenimiento de la paz y el orden dentro de la comunidad.

«Adriano», Adriaan Florenszoon Boeyens (1459-1523). Es el papa Adriano VI (1522-1523). Preceptor de Carlos I y uno de sus hombres de confianza. Regente de Castilla (1520-1522), tuvo que hacer frente a la revuelta de los Comuneros.

afrancesados (o josefinistas). Así eran llamados aquellos españoles que prestaron juramento de fidelidad a José I Bonaparte y al orden establecido por la Constitución de Bayona, dada el 6 de julio de 1808. Los afrancesados eran representantes o herederos de las ideas de la Ilustración española. Afines al despotismo ilustrado, pensaron que el orden constitucional dado por Napoleón garantizaba una fuerte autoridad monárquica a la par que recogía buena parte del programa de reformas sociales a las que aspiraban, como la supresión de aduanas interiores del país, la abolición de la jurisdicción señorial, la progresiva supresión de los mayorazgos de los nobles, la igualdad contributiva o el reconocimiento de libertades y derechos individuales.

Amarillas, Pedro Agustín Girón, marqués de las (1778-1842). Militar español. Participó en la Guerra de la Independencia donde se distinguió en la batalla de Bailén, en la que contuvo a Dupont en el asalto al puente de Alcolea. Afín al liberalismo, fue ministro de la Guerra en el gabinete de Pérez Castro de 1820, y de nuevo con el conde de Toreno en 1835.

americanos. Nombre que recibían los diputados que en las Cortes representaban los intereses de las provincias españolas de ultramar.

Angulema, Luis Antonio de Borbón, duque de (1775-1844). Primogénito del duque de Artois, futuro Carlos X de Francia. Tras la derrota de Napoleón y la restauración de los Borbones, volvió a Francia para convertirse en uno de los pilares de la facción ultrarrealista.

En 1823 encabezó la expedición militar a territorio español que se conoce como los «Cien mil hijos de San Luis», y que pondría fin al Trienio Liberal.

anilleros. *Véase* Sociedad del Anillo.

Antonio Pascual de Borbón (1755-1817). Infante de España, hijo de Carlos III. En 1808 presidió la Junta Suprema de Gobierno por designación del rey Fernando VII. Durante la Guerra de la Independencia permaneció en Valençay con el resto de la familia real.

apostólicos. Nombre que recibieron los defensores del absolutismo extremista, anticonstitucionalistas y partidarios de implantar de nuevo la Inquisición. Opuestos a la moderación mostrada por Fernando VII al final de la Década Ominosa, se agruparon en torno al infante Don Carlos y llegaron a provocar incluso varias revueltas armadas, la más importante de las cuales fue la de los *malcontents,* en Cataluña, en 1827. Fueron uno de los soportes del carlismo.

Arco-Agüero, Felipe (1787-1821). Militar español, destacó en la guerra contra Napoleón y apoyó el pronunciamiento de Riego en Cabezas de San Juan. Merced a su participación en el mismo, fue ascendido a mariscal de campo junto con Riego, López-Baños, Quiroga y O'Daly.

Argüelles, Agustín (1776-1843). Político español, apodado «el Divino», destacó por sus dotes como orador en las Cortes de Cádiz. Enviado a prisión con la restauración del absolutismo en 1814, el pronunciamiento de Riego le devolvió la libertad y lo elevó a ministro de la Gobernación, cargo que ocuparía hasta 1821. En 1823, tras la caída del régimen constitucional, emigró a Londres. En 1834 vuelve a España acogiéndose a la amnistía decretada por Martínez de la Rosa. Terminaría sus días compatibilizando su cargo como diputado con el de tutor de la reina Isabel II. A él se debe el preámbulo a la Constitución de 1812.

Artois, Carlos de Borbón, duque de (1757-1836). Rey en Francia como Carlos X (1824-1830), fue el último monarca de la Casa de Borbón en dicho país. Su política, ejecutada por los ministros Villèle y Polignac, estuvo marcada por su tendencia al absolutismo. Su reinado terminó con la revolución de julio de 1830 que coronó a Luis Felipe de Orleans.

ayuntamiento. Corporación compuesta de alcalde y concejales para la administración del municipio. La relevancia del ayuntamiento en la historia política española viene dada por la importancia que adquirió como poder autónomo en el proceso de la Reconquista. Mermada su autonomía durante el apogeo del absolutismo, la revolución liberal, a partir de la Constitución de 1812, restituyó su importancia al enfatizar tres aspectos de la democracia local: como realización del principio de autogobierno; como herramienta para la educación del ciudadano; y como creador de un orden poliárquico en el que la fragmentación de poderes redunda en beneficio de la libertad de la nación.

Bacon, Francis (1561-1626). Filósofo y político inglés.

Balboa, Vasco Núñez de (1475-1517). Descubridor español.

Bardají y Azara, Eusebio (1776-1842). Político y diplomático español. Secretario en la embajada de Viena desde 1800, al estallar la Guerra de la Independencia vuelve a España para actuar como secretario de las Cortes de Cádiz. Fue presidente del Consejo de Ministros en 1821 y 1837.

Berlepsch, Gertrudis Bohl von Gütenberg, condesa de (-1723). Favorita de la reina Mariana de Neoburgo, segunda esposa de Carlos II.

Bertrán de Lis, Vicente (1781-1847). Banquero y comerciante afín al liberalismo. En 1808 tomó parte en la defensa de Valencia frente a las tropas de Napoleón. Posteriormente sería elegido diputado a Cortes y senador.

Bessières, Jean-Baptiste, duque de Istria (1768-1813). Militar francés. Mariscal del Imperio napoleónico, se distinguió en la batalla de Marengo. También participó en la Guerra de la Independencia, destacando por su actuación junto a Massena en Fuentes de Oroño.

Blake y Joyes, Joaquín (1759-1827). Militar español de origen irlandés, formó parte de la Segunda Regencia nombrada por las Cortes de Cádiz en 1810. Destacó en la batalla de Albuera (1811), lo que le valió el grado de capitán general. Hecho prisionero tras capitular Valencia (1812), permaneció en Francia hasta el final de la guerra. Con Fernando VII en el poder, fue director general de

Ingenieros y presidente del Consejo de Estado. Tras la invasión francesa de 1823 se retiró de la vida pública.

Bonaparte, José (1768-1844). Hermano mayor de Napoleón. En 1806, tras la proclamación del Imperio, fue nombrado rey de Nápoles. En 1808 Napoleón lo proclamó rey de España. Decretó varias medidas renovadoras, como la abolición de la Inquisición, la extinción de derechos feudales o la supresión de aduanas interiores, con las que pretendía ganarse el favor de los reformistas e ilustrados españoles. Debido al estado de guerra y la presencia de Napoleón en la Península, su control real sobre el país fue más bien nominal. En 1813, ante la ofensiva de Wellington, abandonó definitivamente España.

Calatrava, José María (1781-1847). Político español. Afín al liberalismo, durante la Guerra de la Independencia fue miembro de la Junta Suprema de Extremadura y diputado en las Cortes de Cádiz. Encarcelado en Melilla tras el regreso de Fernando VII, volvería a ser diputado a Cortes durante el Trienio Liberal. Fue presidente de la Comisión de Legislación encargada de redactar las leyes sobre la extinción del régimen señorial y el nuevo Código Penal, además de ocupar el cargo de ministro de Gracia y Justicia en el gobierno «exaltado» de 1823. Después de exiliarse en Francia durante la segunda restauración fernandina, volvería para ser presidente del Consejo de Ministros tras el levantamiento progresista de 1836 que promulgó de nuevo la Constitución de 1812.

Calderón de la Barca, Pedro (1600-1681). Poeta y dramaturgo español.

Calvo de Rozas, Lorenzo (1780-1850). Político español. Lugarteniente de Palafox y corregidor e intendente de Zaragoza en los sitios de 1808-1809, durante el Trienio Liberal fue director de Rentas y en 1823 ministro de Hacienda en el gabinete Flórez Estrada. Tras la muerte de Fernando VII, se mostró partidario del republicanismo. En 1849 participó en la fundación del Partido Democrático.

Campomanes, Pedro Rodríguez, conde de (1723-1803). Político, economista e historiador español. Fue gobernador del Consejo de Castilla en 1783. Partidario del despotismo ilustrado y uno de los mayores exponentes del regalismo español, su política buscó fortalecer el poder de la monarquía a costa de la Iglesia y la nobleza. Entre sus medidas más notables destacan la expulsión de los jesuitas y la creación de las Sociedades Económicas de Amigos del País.

Cañedo y Vigil, Alonso (1760-1829). Eclesiástico y político español. Diputado en las Cortes de Cádiz por la Junta Superior de Observación y Defensa de Asturias. De marcada tendencia antiliberal, fue uno de los trece ponentes de la comisión encargada para elaborar el proyecto de Constitución.

Carlos I (1500-1558). Rey de España (1516-1556) y emperador del Sacro Imperio Romano Germánico como Carlos V (1519-1558).

Carlos II (1661-1700). Rey de España (1665-1700). Último monarca de la familia de los Austrias.

Carlos III (1716-1788). Rey de España (1759-1788). Su reinado marca el apogeo de una política reformista apoyada en los principios del despotismo ilustrado.

Carlos IV (1748-1819). Rey de España (1788-1808). Al acceder al trono marcó una línea continuista con el reformismo iniciado por su padre, Carlos III. Su reinado está marcado por la irrupción de la Revolución Francesa y la acción de Godoy como secretario de Estado, quien, tras la derrota en la guerra de la Convención, sometió la política internacional española a los dictados de Francia en virtud de los renovados «Pactos de familia» (Tratado de San Ildefonso, 1796). Derivadas de esta alianza con Francia fueron la denominada «Guerra de las naranjas» contra Portugal (1801), la derrota de Trafalgar contra Inglaterra (1805) y la Guerra de la Independencia (1808-1814), que tuvo como antesala el Tratado de Fontainebleau, por el que España y Francia ocuparían y se repartirían Portugal, tradicional aliado de Inglaterra. El motín de Aranjuez (marzo de 1808) provocó la caída de Godoy y la abdicación de Carlos IV a favor de su hijo Fernando. Poco después, ambos renunciarían definitivamente a la corona a favor de Napoleón en las llamadas abdicaciones de Bayona (mayo de 1808).

Carlos María Isidro de Borbón (1788-1855). Infante de España, segundo hijo de Carlos IV y María Luisa. Al morir su hermano Fernando VII se negó a reconocer a la infanta Isabel como heredera legítima y reclamó su derecho a la Corona. Aglutinó para su causa a los absolutistas, que no compartían el acercamiento al liberalismo que había presidido los últimos años del reinado de Fernando VII y alentó el enfrentamiento civil entre liberales y absolutistas (guerras carlistas) que se extendería por buena parte del siglo XIX. Terminada la Primera Guerra Carlista (1833-1839), Carlos María Isidro –que también se hacía llamar conde de Molina– abdicó en su hijo Carlos Luis (1845) y se retiró a Trieste, donde moriría diez años después.

Carnicero, José Clemente (1770-1849). Escritor y eclesiástico español afín al absolutismo. Oficial del Archivo de Gracia y Justicia de Indias, entre sus obras sobre historia de España destaca, amén de las citadas por Marx, la *Historia razonada de los principales sucesos de la gloriosa revolución de España (1814-1815).*

Caro y Maza de Lezama, Ventura (1742-1809). Militar español. Capitán general de Valencia y Murcia desde 1800, en la Guerra de la Independencia obligó a retirarse a las tropas napoleónicas del mariscal Moncey. Marx lo nombra como José Ventura Caro.

Caro y Sureda, Pedro, marqués de la Romana (1761-1811). Militar español. Enviado al Báltico al frente de un ejército expedicionario español para apoyar el bloqueo napoleónico contra Inglaterra, al estallar la Guerra de la Independencia regresa a España con sus tropas, y es encargado de la resistencia en Galicia. En 1809 fue nombrado miembro de la Junta Central.

Castaños y Aragorri, Francisco Javier, duque de Bailén (1758-1852). Militar y político español. Derrotó a las tropas de Dupont en la batalla de Bailén (1808), primera y última victoria del ejército regular español en la

Guerra de la Independencia. Fue miembro de la Primera Regencia establecida en Cádiz.

Charro, Julián Sánchez, el (1774-1832). Militar y guerrillero español. Ya antes del inicio de la Guerra de la Independencia había estado en el ejército, y al comenzar la contienda organizó una partida que centró su actividad en Salamanca; tomó parte en la batalla de los Arapiles (1812). Posteriormente se enfrentó a las tropas invasoras del duque de Angulema. Hecho prisionero, fue confinado en varios pueblos. Marx se refiere a él como «Julián».

Chateaubriand, François-René, vizconde de (1768-1848). Escritor y político francés. Ministro de Asuntos Exteriores de Luis XVIII, apoyó la intervención de los «Cien mil hijos de San Luis» en España, que restauró el absolutismo en 1823.

Comité de Salud Pública. Órgano ejecutivo de la República francesa aprobado el 6 de abril de 1793 por la Convención para canalizar la revolución. Inspirado en la idea de que determinadas circunstancias políticas requieren medidas excepcionales para salvar al Estado, incluidas la suspensión de la legalidad y de los derechos de los ciudadanos, en la práctica se convirtió –sobre todo con los jacobinos al frente de la Convención– en un poder dictatorial que instauró un régimen de terror y represión al ejecutar a buen número de personas con el pretexto de defender el proceso revolucionario.

comuneros. Nombre con el que se conoce a los miembros de la coalición de las ciudades de las dos Castillas que entre 1520 y 1521 libraron la llamada Guerra de las Comunidades frente a Carlos I, que buscaba limitar el poder del monarca y fortalecer el de las ciudades. La memoria de los comuneros tuvo largo recorrido en el imaginario político del liberalismo español. Simbolizaban, de un lado, la lucha contra el despotismo monárquico y la defensa de las libertades españolas, y de otro, la rebelión patriótica contra el dominio extranjero. De aquí la mitificación de la memoria de sus líderes (Bravo, Padilla y Maldonado) como mártires de la causa liberal, y de la batalla de Villalar como el punto de inflexión en el que la historia política de España entró en decadencia a causa de la victoria del absolutismo. Si bien el culto a la memoria de los comuneros recorre todo el siglo XIX, es en el Trienio Liberal, coincidiendo con el tercer centenario de la batalla de Villalar, cuando el mito gozará de mayor salud política. Como muestra de esta mitificación, algunas sociedades secretas vinculadas al ala más exaltada del liberalismo se denominaron «Confederación de caballeros comuneros» o «Hijos de Padilla».

Constitución. Conjunto de reglas fundamentales por las que se rige un Estado. Instrumento básico de la ideología liberal, dichas reglas establecen límites al poder del gobierno, definen la relación entre el Estado y los ciudadanos y se convierten en la fuente primaria del ordenamiento jurídico. En España, el constitucionalismo se abre en 1808 con el llamado Estatuto de Bayona, otorgado por Napoleón. Pero la primera constitución propiamente española es la de 1812, que estuvo vigente en tres momentos: 1812-1814, 1820-1823 y 1836. El texto constitucional que marca la transición definitiva al liberalismo –aunque propiamente se trate de una carta otorgada– es el Estatuto Real de 1834. Luego vendrán la Constitución progresista de 1837, la moderada de 1845, la democrática de 1869 y la de 1876, que pone las bases políticas de la Restauración. A grandes rasgos, los textos del constitucionalismo decimonónico español pueden dividirse en progresistas (1812, 1837 y 1869) y conservadores (1834, 1845 y 1876). Lo que caracteriza a los primeros es que la soberanía reside en la nación, mientras que en los segundos ésta es compartida entre las Cortes y el rey.

Constitución de 1812. El texto constitucional sancionado por las Cortes reunidas en Cádiz el día 19 de marzo de 1812 (día de San José, de donde deriva su apodo popular: «la Pepa») es la primera Constitución española. De marcado corte liberal, algunas de sus características principales son: la soberanía nacional (art. 3), la división de poderes (art. 15 y siguientes) y la idea del orden constitucional como garante de las libertades individuales: libertad civil, de propiedad y demás derechos legítimos (art. 4), igualdad ante la ley (art. 248 y 258) y libertad de prensa (art. 371). La Constitución gozó de gran predicamento en el liberalismo decimonónico e inspiró directamente las constituciones que Portugal, Nápoles, Piamonte, Rusia y las nuevas naciones sudamericanas se dieron en la oleada revolucionaria que siguió a la década de 1820.

Contador, Diego (1756-1833). Militar e ingeniero naval español, fue nombrado ministro de la Guerra por Fernando VII.

Convención Nacional. Asamblea constituyente francesa formada tras la caída de la monarquía de Luis XVI. Se mantuvo en vigor de septiembre de 1792 a octubre de 1795, cuando fue sustituida por el Directorio. La Convención proclamó la República, aprobó la ejecución del rey y abolió los privilegios feudales y la esclavitud.

Cortes. Nombre utilizado por todas las constituciones españolas desde 1812 para hacer referencia al órgano de representación política de la nación. Término asimilable a los de asamblea o parlamento, su elección viene dada por referencia a las antiguas cortes de los reinos de España.

Cortés, Hernán (1485-1547). Conquistador de México.

despotismo ilustrado. Variante del absolutismo desarrollada a partir de la segunda mitad del siglo XVIII bajo la influencia de las ideas ilustradas de pragmatismo y utilidad aplicadas a la política. Se caracteriza por la promoción de reformas económicas y sociales dirigidas a reforzar el poder del monarca (identificado con el Estado) y a aumentar el bienestar y la productividad de la sociedad. Este papel del monarca como agente modernizador tuvo como consecuencia la restricción de instancias que rivalizaban con el poder central, léase la aristocracia y la Iglesia. La expulsión de los jesuitas de gran parte de los estados europeos en la segunda mitad del siglo XVIII responde a esta filosofía. Carlos III fue el representante más destacado en España.

despotismo oriental. Categoría marxista para referirse a las formas asiáticas de gobierno, caracterizadas por gobiernos despóticos y sociedades de producción precapitalista. Tal y como Marx lo desarrolla en los *Grundrisse,* la diferencia capital entre la historia política de Oriente y Occidente estriba en el papel de las ciudades. Mientras en Occidente, el feudalismo dio lugar al florecimiento de ciudades políticamente independientes que favorecieron el surgimiento de la clase burguesa y el capitalismo, en Oriente las ciudades permanecieron como creaciones «artificiales» del Estado en un medio dominado por la economía agrícola. El resultado fue la peculiar convivencia entre el absolutismo más arbitrario con un alto grado de autonomía para las ciudades y sus regiones.

Díaz Porlier, Juan (1775-1815). Militar español. Destacó en la Guerra de la Independencia por su actividad en el norte de la Península. Puso bajo control español León, Palencia y Valladolid, y se distinguió en la conquista de Aguilar de Campoo. En 1815 encabezó un pronunciamiento liberal a favor de la Constitución de 1812 en La Coruña que fracasó, de resultas del cual fue ahorcado.

Dupont de l'Etang, conde de (1765-1840). Militar y político francés. Fue nombrado conde por Napoleón tras su destacada actuación en las batallas de Marengo y Ulm. En España, como comandante del ejército, saqueó diversas ciudades andaluzas, especialmente Córdoba. Capituló en Bailén frente a Castaños. Destituido y encerrado en el fuerte de Joux, fue rehabilitado por Luis XVIII, quien le nombró ministro de la Guerra en 1814.

Ejército de la Fe (o Partidas de la Fe). Nombre con el que eran conocidas las partidas afines al absolutismo que en 1822 se alzaron en Cataluña, Navarra y Vizcaya contra el gobierno liberal del Trienio. En 1823 prestaron su ayuda a la invasión de los «Cien mil hijos de San Luis».

Elío, Francisco Javier (1767-1822). Militar español. Gobernador de Montevideo (1807) y virrey del Río de la Plata (1810), tuvo que hacer frente a los primeros conatos independentistas. Durante la Guerra de la Independencia fue nombrado capitán general de Valencia (1813). Cuando Fernando VII regresó a España en 1814, su apoyo fue decisivo para el restablecimiento del absolutismo. Entre 1814 y 1820 fue uno de los pilares del absolutismo y feroz perseguidor de liberales. Con la revolución de 1820, fue encerrado en la ciudadela de Valencia. Acusado de instigar desde prisión la acción de partidas realistas, fue condenado a muerte y ejecutado a garrote vil.

Empecinado, Juan Martín, el (1775-1825). Líder guerrillero durante la Guerra de la Independencia. Fue el primero en organizar la guerrilla a gran escala y realizar operaciones de importancia. Actuó sobre todo en las provincias de Guadalajara y Cuenca. Nombrado mariscal de campo por la Regencia, su simpatía por las ideas liberales hizo que, tras el regreso de Fernando VII, fuese desterrado a Valladolid. En el Trienio Liberal ocupó, entre otros, el puesto de gobernador militar de Zamora. En 1823, con la vuelta del absolutismo, fue capturado y sometido a un cautiverio de dos años en el curso de los cuales fue exhibido ante el público en una jaula. En 1825 fue sentenciado a morir en la horca.

Enrique IV (1425-1474). Rey de Castilla (1454-1474).

Eroles, Joaquín Ibáñez, barón de (1785-1825). Militar español. Se distinguió en la Guerra de la Independencia, tras la cual ascendió a mariscal de campo y fue segundo jefe del ejército de Cataluña. Afín al absolutismo, participó en las conspiraciones del marqués de Mataflorida formando parte de la Regencia de Urgel (1822). Vencido por el ejército liberal de Espoz y Mina, se retiró a Francia, donde preparó la entrada de los «Cien mil hijos de San Luis».

Espartero, Baldomero (1793-1879). Militar español. De orígenes humildes, tras participar en la Guerra de la Independencia y hacer frente a los sublevados en las colonias americanas regresó a la Península y combatió con éxito a los carlistas: triunfador en la decisiva batalla de Luchana (1836) –que obligó a los carlistas a levantar el sitio de Bilbao–, firmó con el general carlista Maroto el llamado convenio (o «abrazo») de Vergara, que ponía fin al conflicto (1839). Afín al progresismo, varios movimientos juntistas le llevarían, primero, a ser regente del reino (1840-1843) y, después, presidente del Consejo de Ministros en el llamado Bienio Progresista (1854-1856). Llegó a ser propuesto como rey de España tras el destronamiento en 1868 de Isabel II, lo cual rechazó.

España, conde de (1775-1839). Militar español. Afín al liberalismo en sus orígenes, en la primera restauración absolutista se convirtió en hombre de confianza de Fernando VII, quien lo nombró capitán general de Cataluña; reprimió en 1827 el movimiento de los *malcontents*. Con fama de hombre cruel y sanguinario, moriría fusilado a manos de sus partidarios en plena guerra carlista.

Espiga y Gadea, José (1758-1824). Religioso y político español. Arcediano de Benasque y afín al liberalismo, tuvo una presencia destacada en las Cortes de Cádiz, donde acudió como diputado electo propietario por la Junta Superior de Cataluña tanto en 1810 como en 1813. Retirado de la política durante la primera restauración absolutista de Fernando VII, en el Trienio Liberal sería nombrado arzobispo de Sevilla (propuesta que Roma rechazaría) y presidente de las Cortes (6/7/1810-7/8/1820).

«Espoz y Mina», Francisco Espoz e Ilundain (1781-1836). Militar español. Hijo de un labrador, entró en la partida de su sobrino Javier Mina («Mina el Mozo»), y después de la captura de éste por los franceses, en 1810, comenzó a dirigir dicha partida y adoptó el segundo apellido de su padre. Fueron numerosas las victorias que logró, destacando la toma de Zaragoza. En 1814 fracasó en su pronunciamiento contra el régimen absolutista, por lo que huyó a Francia. En el Trienio Liberal fue nombrado capitán general de Galicia y Cataluña, donde hostigó a las partidas realistas. Tras la invasión de los «Cien mil hijos de San Luis» se exilió en Inglaterra y Francia. Después de varios intentos frustrados de pronunciamiento, aprovechó la amnistía de la regente María Cristina de Borbón para volver a España, luchando en el bando liberal durante la guerra carlista.

Federico II «el Grande» (1712-1786). Rey de Prusia (1740-1786).

Federico Guillermo III (1770-1840). Rey de Prusia (1797-1840).

Felipe II (1527-1598). Rey de España (1556-1598).

Felipe IV (1604-1665). Rey de España (1621-1665).

Felipe V (1683-1746). Rey de España (1700-1724 y 1724-1746). Primer monarca Borbón en España.

Fernando II (1810-1859). Rey de Nápoles (1830-1859).

Fernando IV (1285-1312). Rey de Castilla y León (1295-1312).

Fernando V «el Católico» (1452-1516). Rey de Aragón y de Castilla.

Fernando VII (1784-1833). Rey de España (1808-1833). Comenzó a conspirar contra su padre Carlos IV y su favorito Godoy siendo príncipe de Asturias, y fruto de este trabajo fue el motín de Aranjuez (1808), merced al cual consiguió la corona. La intervención de Napoleón truncó sus aspiraciones, y tras las reuniones de Bayona terminó prisionero en Valençay. De vuelta en España tras la Guerra de la Independencia (1814), y conocido como «el Deseado», su primera actuación fue decretar nulas la Constitución de 1812 y las disposiciones de las Cortes de Cádiz. Aunque el pronunciamiento de Riego le obligó a jurar la Constitución –juramento del que se vería liberado gracias a la intervención de los «Cien mil hijos de San Luis» que pondría fin al agitado Trienio (1820-1823)–, su política se distinguió por un marcado absolutismo y la persecución feroz de los liberales. Sólo el nacimiento de su hija Isabel (1830) y la polémica surgida por la derogación de la Ley Sálica –que excluía a las mujeres de la sucesión– para dar acceso al trono a la princesa forzaron a Fernando VII a acercarse a los sectores más moderados del liberalismo frente a la apuesta por el infante Don Carlos, su hermano, que hicieron los sectores más afines al absolutismo.

Flórez, José Segundo (1789-). Literato español, autor de la *Vida militar y política de Espartero* (1845).

Floridablanca, José Moñino, conde de (1728-1808). Político español. En 1766 ingresa en el Consejo de Castilla en calidad de fiscal y once años después será nombrado primer secretario de Estado del rey Carlos III, puesto que no abandonaría hasta 1792, cuando es sustituido por el conde de Aranda. Se caracterizó, como Campomanes, por su política regalista y apoyó, desde su fiscalía, la expulsión de los jesuitas. Volvería a la política en 1808 como presidente de la Junta Suprema Central en plena Guerra de la Independencia. Murió ese mismo año en Sevilla.

Feliú, Ramón. *Véase* Olaguer Feliú y Zebollino, Ramón.

fueros. Redacción que recoge las leyes, privilegios y exenciones por las que se regían las ciudades, provincias y reinos de España, y cuyo desarrollo está vinculado al fenómeno de repoblación y resurgir de los núcleos urbanos que se da en los reinos cristianos entre los siglos X y XIII. El primer liberalismo español sometió dichos fueros a una lectura historicista que veía en ellos una suerte de constitucionalismo *avant le mot* en tanto que mecanismo de limitación del poder real. Andando el tiempo, la pervivencia de los fueros se convertiría en fuente de conflictos entre la dinámica centralizadora del Estado liberal y los grupos interesados en su preservación.

García de la Cuesta, Gregorio (1741-1811). Capitán general de Castilla antes del inicio de la Guerra de la Independencia, participó activamente en la contienda, destacando en la batalla de Talavera. Retirado a la isla de Mallorca, falleció poco después.

García-Herreros, Manuel (1767-1836). Político español. Afín al liberalismo, se distinguió como diputado en las Cortes de Cádiz. Con la vuelta del absolutismo en 1814, fue encarcelado en el presidio de Alhucemas. En el Trienio Liberal ocupó la cartera de Gracia y Justicia. Sería nuevamente ministro con Toreno en 1835.

Godoy, Manuel (1767-1851). Político español. Favorito de los reyes Carlos IV y María Luisa, ya con 25 años dirigió la Secretaría de Estado. Su juego de alianzas con Francia, primero con el Directorio y después con Napoleón –Paz de Basilea (1795), Tratado de San Ildefonso (1796) y Tratado de Fontainebleau (1807)–, hipotecó su política y enfrentó a España con Inglaterra de forma casi permanente. La entrada en la Península de las tropas de Napoleón en virtud del Tratado de Fontainebleau –por el que España y Francia se repartirían Portugal– significó el final de su carrera política. Obligado a dimitir tras el motín de Aranjuez (marzo de 1808), marchó al exilio. Aunque en 1847 fue rehabilitado por Isabel II, no regresó a España.

Guizot, François (1787-1874). Político e historiador francés. Representante del liberalismo doctrinario, fue profesor de Historia en la Universidad de la Sorbona desde 1812 y uno de los baluartes de la monarquía burguesa de Luis Felipe, para la que desempeñó importantes puestos ministeriales.

Infantado, Pedro Alcántara de Toledo, duque del (1773-1841). Favorito de Fernando VII desde que era príncipe de Asturias. Le siguió a Bayona y llegó a servir, durante un tiempo, al rey José Bonaparte como coronel. En 1809 pasó a abrazar la causa de la Guerra de la Independencia y formó en 1812 parte de la Tercera Regencia.

Jovellanos, Gaspar Melchor de (1744-1811). Político y escritor español, representante del reformismo ilustrado. Tras ostentar diversos cargos en la Corte, fue nombrado ministro de Gracia y Justicia en 1797, pero su celo reformista contra la Inquisición y los poderes eclesiásticos le valieron la destitución y el destierro en Palma de Mallorca. Fue liberado en 1808 tras el motín de Aranjuez. Seducido por los afrancesados, finalmente tomó partido por los liberales españoles, siendo miembro destacado de la Junta Central, en cuya defensa escribió *Memoria en defensa de la Junta Central*, su obra política más importante.

Juan II (1405-1454). Rey de Castilla (1406-1454).

junta. Unidad de organización política cívico-militar de carácter tradicional a la par que revolucionario. En la cultura política que desarrolla el siglo XIX español, la junta asume el poder del Estado en momentos de crisis o de vacío de poder. Tanto la Guerra de la Independencia como el pronunciamiento de Riego dieron carta de naturaleza a esta praxis revolucionaria.

Kurakin, Alexander Borisovich, príncipe (1752-1818). Diplomático ruso. Embajador en Viena (1806-1808) y París (1808-1812). Participó en la firma del Tratado de Tilsit.

Labazora, barón de (-), miembro de la Junta Central.

Lacy y Gautier, Luis de (1775-1817). Militar español de origen irlandés. Licenciado del ejército en 1803, se enroló en el napoleónico, pasando en 1807 a España con las tropas de Murat, pero al iniciarse la Guerra de la Independencia se unió a las españolas. Fue nombrado capitán general de Cataluña y Galicia. Afín al liberalismo, el regreso de Fernando VII y el absolutismo determinaron su ostracismo político. En 1817 planeó, con Francisco Milans del Bosch, un alzamiento en pro de la Constitución que fracasó. Lacy fue detenido y sentenciado a muerte. Ante el temor de que su ejecución provocara desórdenes públicos en Cataluña, el Gobierno decidió su traslado secreto a Mallorca, donde fue fusilado en el castillo de Bellver.

Lafayette, Marie-Joseph Paul Yves Roch Gilbert du Motier, marqués de (1757-1834). Militar y político francés. Tuvo una participación activa en la Guerra de la Independencia norteamericana destacando en la decisiva batalla de Yorktown (1781). Adherido también a la causa revolucionaria francesa, fue diputado por la nobleza en los Estados Generales (1789) y comandante de la Guardia Nacional. Su defensa de la monarquía en el proceso revolucionario le llevó a prisión hasta 1797. Con el reinado de Luis XVIII volverá a la política como diputado. En 1830 apoyó la revolución y fue nombrado nuevamente comandante de la Guardia Nacional.

Lagarde, Augustin-Marie-Balthasar Pelletier, conde de (1780-1834). General y diplomático francés. Fue embajador en España durante el Trienio Liberal.

Lally-Tollendal, Trophime Gérard, marqués de (1751-1830). Político francés. Diputado por la nobleza en los Estados Generales (1789), formaba parte de los llamados «anglómanos», grupo que trató de conjugar las ideas liberales con las antiguas instituciones francesas. Emigró a Inglaterra al radicalizarse la revolución. De vuelta en Francia con el Consulado, apoyó la restauración de los Borbones y fue nombrado miembro de la Cámara de los Pares por Luis XVIII.

Lara (-). Capitán general de Castilla la Nueva.

Laval, Adrien de Montmorency, duque de (1768-1837). Militar, político y diplomático francés. Embajador en Madrid, Roma, Viena y Londres, además de miembro de la Cámara de los Pares. Marx se refiere a él como «príncipe Laval de Montmorency».

liberal. Adjetivo cuyo significado originario, sinónimo de «generoso» o «desprendido», fue cargándose de contenido político desde principios del siglo XIX asociado a ideas de reformismo. Será en las Cortes de Cádiz cuando el cambio semántico del adjetivo (así como el nacimiento del sustantivo «liberalismo») quede fijado y vinculado a la defensa del constitucionalismo y las libertades políticas frente a los absolutistas.

Liverpool, Robert Banks Jenkinson, conde de (1770-1828). Político británico. Tras desempeñar los cargos de ministro de Asuntos Exteriores y de la Guerra en 1812, fue encargado de formar gobierno entre 1812 y 1827. Fortalecido por las victorias de Wellington en las guerras napoleónicas, su gobierno se caracterizó por las medidas represivas contra los desórdenes sociales (masacre de Peterloo) y la progresiva adopción de medidas económicas de signo liberal.

López Ballesteros, Francisco (1770-1833). Militar y político español, participó en la Guerra de la Independencia. Al producirse el alzamiento de Riego presionó al rey para que aceptase la Constitución. En el Trienio Liberal fue vicepresidente de la Junta Provisional consultiva y uno de los dirigentes de la sociedad secreta de los Comuneros. En 1823 capituló en Granada ante los «Cien mil hijos de San Luis». Condenado a muerte por Fernando VII, logró huir a Francia.

López Baños y Monsalve, Miguel (1789-1861). Militar y político español. Apoyó el pronunciamiento de Riego en Cabezas de San Juan. Durante el Trienio fue capitán general de Navarra y de las provincias Vascongadas. Después sería nombrado ministro de Guerra en los gabinetes presididos por Martínez de la Rosa y Evaristo San Miguel. Tras la segunda restauración de Fernando VII se exilió en Francia.

López Pelegrín, Ramón (1767-1841). Político español. Fue diputado en las Cortes de Cádiz, prócer del reino (1834-1835) y senador por Guadalajara (1837-1838). También fue fiscal del Consejo real de Castilla y miembro del Consejo de Estado.

Lozano de Torres, Juan Esteban (1769-1831). Político español. Hombre de confianza de Fernando VII, en 1817 fue nombrado ministro de Gracia y Justicia. Desterrado de 1820 a 1826, en 1830 fue nombrado presidente de la Caja de Amortización.

Luis XI (1423-1483). Rey de Francia (1461-1483).

Luis XVIII (1755-1824). Rey de Francia (1814-1815 y 1815-1824).

Luna, Álvaro de (1388-1453). Favorito de Juan II, rey de Castilla.

María Ana de Neoburgo (1667-1740). Reina de España, esposa de Carlos II.

María Luisa de Parma (1751-1819). Reina de España, esposa de Carlos IV.

Martignac, Jean-Baptiste-Sylvère Gay, conde de (1778-1829). Político e historiador francés. Afín al partido ultrarrealista, participó en la expedición de los «Cien mil hijos de San Luis». En 1828 fue nombrado primer ministro e intentó ganarse la confianza de la burguesía. En 1832 saldría a la luz su *Essai historique sur les révolutions d'Espagne et l'intervention française de 1823*.

Martínez de la Rosa, Francisco de Paula (1787-1862). Político y literato español. Diputado ya en las Cortes de Cádiz, fue una de las figuras más importantes del liberalismo moderado español. La invasión de los «Cien mil hijos de San Luis» le llevó a exiliarse en París, donde fue influido por el liberalismo doctrinario de Guizot. Volvió a España acogiéndose a la amnistía de 1831 y tres años después fue nombrado presidente del Consejo de Ministros por la reina regente María Cristina de Borbón. Bajo su mandato se promulgó el Estatuto Real de 1834, que marcaba la transición definitiva hacia el liberalismo en España. Alternando su actividad como diputado con otros cargos (fue embajador en París y Roma), seguiría en la política activa hasta sus últimos años.

Melgar, Juan Tomás Enríquez Cabrera, conde de (1652-1705). Ministro del rey Carlos II.

Merlin, Christophe Antoine, conde de (1771-1839). Militar francés. General de las tropas napoleónicas, llegó a España desde Nápoles con José I, quien le nombraría capitán general de su guardia. El 16 de agosto de 1808 saqueó la ciudad de Bilbao por orden de Bessières con el objeto de neutralizar las partidas de insurgentes españoles del norte. Participaría también en las batallas de Talavera, Almonacid y Ocaña.

Milicia Nacional. Fuerza cívico-militar cuya creación fue decretada por las Cortes de Cádiz; tenía carácter provincial, y su servicio no era continuo sino con arreglo a las circunstancias. Instrumento para la defensa y consolidación del régimen liberal, buscaba garantizar el nuevo orden público y actuar como contrapoder frente al carácter políticamente oscilante del ejército. De naturaleza urbana y mesocrática, en el imaginario liberal el miliciano encarnaba el ideal del «ciudadano en armas». A partir del Trienio Liberal, la Milicia Nacional verá fortalecida su vinculación ideológica con el ala más radical del liberalismo, lo que marcará su declive como fuerza pública.

Mina «el Mozo», Francisco Javier (1789-1817). Guerrillero español, creó el llamado «Corso terrestre de Navarra» que castigó duramente a los franceses durante la Guerra de la Independencia. En 1810 fue hecho prisionero y enviado al castillo de Vincennes hasta el final de la contienda. Al regresar a España participó junto a su tío, el general Espoz y Mina, en el pronunciamiento de Pamplona de 1814. Tras fracasar el intento, huyó a Francia. En 1817 marchó a México para apoyar la causa independentista contra Fernando VII. En el asedio de Guanajuato fue hecho prisionero y fusilado.

Molitor, Gabriel-Jean-Joseph (1770-1849). Militar francés. Después de haber destacado en las guerras napoleónicas, tomó parte en la expedición de los «Cien mil hijos de San Luis». Sus acciones en Aragón, Levante y Andalucía le permitieron ascender a general.

Monroe, James (1758-1831). Quinto presidente de los Estados Unidos. Autor de la llamada «Doctrina Monroe», cuyos principios de política exterior establecían, entre otros, la renuncia de Estados Unidos a intervenir en los conflictos armados en Europa y la consideración de acto hostil contra Estados Unidos toda intervención europea en los países americanos que hubieran alcanzado la independencia.

Montesquieu, Charles de Secondat, barón de (1689-1755). Representante de la Ilustración francesa. Admirador del sistema constitucional británico y de la obra de John Locke, en su obra *El espíritu de las leyes* (1748) apunta que la libertad viene dada por una organización del Estado basada en la separación de poderes y que las leyes deben acomodarse a la historia y circunstancias de cada pueblo.

Morillo, Pablo (1778-1837). Militar español. De origen humilde, combatió a las órdenes del general Castaños en la Guerra de la Independencia, destacando en la batalla de Vitoria. Enviado a América para reprimir los primeros levantamientos independentistas, tras varias victorias fue derrotado en Boyacá por Simón Bolívar, con quien firmó el armisticio de Trujillo (1820). A su regreso a España, osciló entre los absolutistas y los liberales, hecho que le hizo ganarse la desconfianza de Fernando VII. Restaurado el absolutismo por segunda vez, huyó a Francia, de donde volvería en 1832 para abrazar la causa liberal en la guerra carlista.

Morla, Tomás de (1752-1820). Militar español. En 1808 dirigió el levantamiento de Cádiz y en 1809 se pasó al bando de los afrancesados. Fue nombrado consejero de Estado por José I Bonaparte.

Mounier, Jean-Joseph (1758-1806). Político francés. Diputado del Tercer Estado, propuso el juramento del Juego de Pelota. Era miembro del grupo conocido como los «anglómanos» o «monárquicos», como Lally-Tollendal, por su admiración hacia las instituciones políticas inglesas.

Muñoz Torrero, Diego (1761-1829). Sacerdote y político español. Destacó en las Cortes de Cádiz por su postura liberal en los debates en torno a la abolición de la Inquisición y la instauración de la libertad de imprenta. Encerrado en un convento tras la vuelta del absolutismo con Fernando VII, el Trienio Liberal le devolverá a la política activa. Restaurado el absolutismo en 1823, se refugió en Portugal, donde finalmente moriría.

Murat, Joachim (1767-1815). Militar francés. Casado con Carolina Bonaparte, hermana de Napoleón, fue ayudante de campo del emperador francés en las campañas de Italia y Egipto, así como uno de los preparadores del golpe de Estado de Brumario. Sus decisivas victorias en Austerlitz, Jena y Friedland le valieron el título de gran duque de Berg. En la Guerra de la Independencia destacó como hábil negociador y por ser el director de la represión contra el levantamiento madrileño del 2 de mayo. Convertido en rey de Nápoles por Napoleón, después de participar en la desastrosa campaña de Rusia (1812) y vacilar en su apoyo a Napoleón tras su primera abdicación, terminaría sus días en 1815 al ser fusilado cuando trataba de reconquistar el reino de Nápoles.

Napoleón I Bonaparte (1769-1821). Militar y político francés. Tras destacarse en las campañas de Italia y Egipto, su carrera política comienza con el golpe de Estado del 18 Brumario contra el Directorio que instaura el Consulado. Fue primer cónsul de 1799 a 1802, cónsul vitalicio de 1802 a 1803, y emperador de los franceses de 1804 a 1815. Su suerte comenzó a declinar tras las derrotas en España y Rusia, ambas enmarcadas en su política de bloqueo continental contra Inglaterra. La desastrosa campaña de Rusia terminaría con la derrota sufrida en la llamada «batalla de las naciones» (Leipzig, 1813) a manos de una amplia coalición, cuyas tropas llegarían a París y restaurarían a los Borbones. Exiliado en la isla de Elba, logró escapar y aprovechó el descontento de los franceses con Luis XVIII para hacerse de nuevo con el poder sin el concurso de las armas. Este segundo período de gobierno napoleónico se conoce como los «Cien días» y finaliza cuando es derrotado por Wellington en la batalla de Waterloo. Napoleón fue encarcelado y enviado por los británicos a la isla de Santa Elena, donde moriría.

Ney, Michel (1769-1815). Militar francés. Nombrado mariscal por Napoleón, tuvo una participación destacada en Jena (1806) y Friedland (1807). Participó en la Guerra de la Independencia, pero su posición contraria a la misma determinó que fuera destinado a París. Napoleón le confió un importante mando en la campaña de Rusia y su papel fue premiado con el título de príncipe de Moscova. Rinde homenaje a Luis XVIII tras la primera abdicación de Napoleón, pero le acompaña cuando éste escapa de su destierro. Tras la derrota de Waterloo (1815), fue apresado por los Borbones y fusilado.

O'Daly, Demetrio (1780-1837). Militar español de origen puertorriqueño. Enviado a España para realizar la carrera militar, participó en la Guerra de la Independencia y en el pronunciamiento de Riego. Fue representante de Puerto Rico en las Cortes del Trienio.

O'Donnell, José Enrique, conde de La Bisbal (1775-1834), militar español. Participó en la Guerra de la Independencia donde obtuvo importantes éxitos, sobresaliendo el conseguido contra Schwartz en La Bisbal. Fue miembro de la Regencia en 1812 y aceptó la restauración absolutista de Fernando VII en 1814. En 1819, como jefe de la expedición que debía partir a América, se le encargó sofocar el levantamiento de Riego, pero se pasó al bando liberal. Tras la invasión de los «Cien mil hijos de San Luis» huyó a Francia, donde moriría.

O'Donnell y Jorris, Leopoldo, conde de Tetuán (1809-1867). Militar y político español. Tuvo una participación destacada en la Primera Guerra Carlista (1833-1840) y pasó a engrosar las filas del moderantismo junto a Narváez. En 1854, desencantado por la deriva del partido moderado, encabezó el pronunciamiento conocido como «la Vicalvarada» que dio comienzo al Bienio Progresista (1854-1856) presidido por Espartero. Creador de la Unión Liberal, partido intermedio entre moderados y progresistas, fue en varias ocasiones presidente del Gobierno y uno de los políticos clave hasta el advenimiento del Sexenio Revolucionario. Entre sus acciones, destaca la llamada «política de prestigio», que supuso el envío de expediciones militares a Cochinchina, México, República Dominicana, Callao y Marruecos.

Olaguer Feliú y Zebollino, Ramón (1784-1831). Diputado en las Cortes de Cádiz en representación del Virreinato del Perú junto al teniente coronel Dionisio Inca Yupanqui.

Oltra. Oficial participante en el pronunciamiento de Riego.

Oropesa, Manuel Joaquín Álvarez de Toledo-Portugal y Pimentel, conde de (1650-1707). Ministro de Carlos II.

Padilla, Juan (1490-1521). Dirigente del movimiento de los Comuneros de Castilla.

Palafox y Melci, José Rebolledo de (1776-1847). Militar español. Fue proclamado por el pueblo de Zaragoza, levantado contra los franceses, capitán general gobernador de Aragón (1808); convocó las Cortes del Reino de Aragón –que no se reunían desde hacía un siglo– en un claro gesto innovador y éstas le confirmaron en el cargo. Se convirtió en un símbolo de los sitios de Zaragoza. Hecho prisionero y conducido al castillo de Vincennes (1809-1813), regresó a España una vez firmado el Tratado de Valençay. Nombrado de nuevo capitán general de Aragón por Fernando VII, en los siguientes treinta años ocuparía numerosos cargos.

Parque, duque del. *Véase* Portocarrero, Diego Cañas.

Pelegrín. *Véase* López Pelegrín, Ramón.

Pérez de Castro, Evaristo (1778-1848). Político español. Fue el primer secretario de las Cortes de Cádiz y ministro de Gracia y Justicia en el Trienio Liberal, donde se alineó con los liberales moderados. A él se debe el decreto de indulto a favor de los afrancesados. Nombrado presidente del Consejo de Ministros en 1838, fue bajo su mandato cuando se concluyó la Primera Guerra Carlista.

Pombal, Sebastiao José de Carvalho e Melo, marqués de (1699-1782). Político portugués. Representante del despotismo ilustrado en su país natal, dirigió la política portuguesa desde 1750. Fomentó el comercio, renovó la enseñanza, reforzó la administración y el ejército y, sobre todo, fortaleció el poder de la monarquía frente a la nobleza y el clero; expulsó a la Compañía de Jesús en 1759. En 1777 cayó en desgracia tras la muerte de José I.

Portocarrero, Diego Cañas y, duque del Parque (1755-1832). Militar y político español. Contrario a la política de Godoy, fue uno de los instigadores del motín de Aranjuez. Afecto en un principio a la política de Napoleón, tras asistir a la reunión de notables españoles que éste convocó en Bayona en 1808 decide pasarse al bando de los liberales españoles. Asumió el mando del ejército de Castilla. Fue derrotado por las tropas napoleónicas en Medina del Campo y en Alba de Tormes. Tras la guerra, fue diplomático en París. Fiel a los liberales, apoyó el pronunciamiento de Riego y ocupó la presidencia de las Cortes durante el Trienio Liberal.

Pradt, Dominique Georges Frédéric de Riom de Prolhiac Dufour, de (1759-1837). Prelado y diplomático francés. Fue uno de los cronistas políticos más importantes de su tiempo. Aunque conservador en sus orígenes, evolucionó hacia el liberalismo y se convirtió en un ferviente defensor de los movimientos independentistas de América. Entre sus crónicas como diplomático al servicio de Napoleón destaca su *Mémoires historiques sur la Revolution d'Espagne* (1816), en las que da cuenta de su participación en las negociaciones de Bayona.

pronunciamiento. Constituye una de las formas más típicas de cambio de gobierno que registra el siglo XIX español. La mecánica del pronunciamiento consiste en la lectura de un manifiesto por parte de una personalidad del ejército que, acompañado de un grupo de sublevados, «se pronuncia» a favor del orden constitucional, acusando al gobierno de haber abusado del poder e invitando a la nación a crear juntas revolucionarias. Su diferencia con el golpe de Estado estriba en que en éste se produce la toma violenta de los medios de control del Estado por parte de funcionarios (generalmente militares), mientras que en el pronunciamiento el sublevado invita a levantarse a la nación. El pronunciamiento supone una original lectura que el liberalismo hispano hace del clásico «derecho de rebelión» que activa el mecanismo, dependiente de un imaginario pactista, por el que el gobierno pierde su autoridad a consecuencia de los abusos perpetrados durante su actividad, haciendo de esta manera que el poder revierta a la sociedad, la cual queda legitimada para dar forma a un nuevo gobierno.

Quintana, Manuel José (1772-1857). Poeta español. Afecto a las ideas liberales, el patriotismo de su obra le erigió en portavoz literario de la Guerra de la Independencia. Ejerció el cargo de oficial primero de la Secretaría General de la Junta Suprema Gubernativa del Reino, y posteriormente, secretario de la Real Cámara y Estampilla del Consejo de Regencia. Perseguido por Fernando VII en sus dos restauraciones absolutistas, una vez instaurado el liberalismo perteneció al Estamento de Próceres. Fue ayo de Isabel II, quien, en 1855, coronó públicamente a Quintana en el Senado en reconocimiento de sus méritos.

Quiroga, Antonio (1784-1841). Militar español. Partícipe destacado en el pronunciamiento de Riego, durante el Trienio fue ascendido a mariscal de campo y participó, como diputado, en la elaboración de la Ley Constitutiva del Ejército de 1821. La invasión de los «Cien mil hijos de San Luis» le llevó al exilio, de donde volvería en 1834. Con la llegada de Mendizábal al poder, fue ascendido a capitán general de Castilla la Nueva.

repartimiento. Sistema de asignación de indios para dotar de mano de obra a las empresas agrícolas y mineras que fue desarrollado por los españoles en la colonización de América desde principios del siglo XVI.

Richard y Pérez, Vicente Ramón (1773-1816). Jurista y militar español. En 1801 ingresó como abogado en el Real y Supremo Consejo de Castilla. En la Guerra de la Independencia tuvo una destacada actuación como militar y espía. Tras la contienda, sus esfuerzos para alcanzar un puesto elevado como pago de los servicios prestados en la guerra no fructificaron, por lo que en 1815 comienza a organizar la conspiración regicida llamada «del triángulo» (células de tres personas que desconocían las otras células). Fue detenido y condenado a morir ahorcado; su cabeza fue expuesta en una jaula en las inmediaciones de la Puerta de Alcalá.

Riego y Núñez, Rafael del (1784-1823). Militar español. Participó en la Guerra de la Independencia, en la cual acabó siendo apresado y trasladado a Francia. De vuelta en España en 1814, fue promovido al rango de teniente coronel. Miembro del ejército reunido en Andalucía y destinado a reprimir el independentismo americano, el 1 de enero de 1820 se pronunció a favor de la Constitución de 1820 en Las Cabezas de San Juan, Sevilla. Durante el Trienio Liberal llegaría a ser, tras ocupar las capitanías generales de Galicia y Aragón, presidente de las Cortes «exaltadas» de 1822. Participó en la resistencia militar ante la invasión de los «Cien mil hijos de San Luis». Fue hecho prisionero en Arquillos, Jaén. Juzgado y acusado de crimen de lesa majestad, fue ejecutado en la madrileña plaza de la Cebada el 7 de noviembre de 1823.

Sáez, Víctor Damián (1777-1839). Eclesiástico y político español. Confesor privado de Fernando VII y hombre de su confianza, fue destituido de su cargo durante el Trienio Liberal. En el primer gobierno de la restauración absolutista en 1823 fue nombrado ministro de Estado.

San Fernando, Joaquín José de Melgarejo y Saurín, duque de (1780-1850). Aristócrata y político español. Fue ministro de Fernando VII en su primera restauración absolutista y consejero de la reina María Cristina de Borbón durante su regencia.

San Luis, José Luis Sartorius, conde de (1820-1871). Periodista y político español. Fundó el periódico *El Heraldo* (1842), desde el que combatió la regencia de Espartero y el progresismo. Diputado desde 1843, tras pasar por el Ministerio de la Gobernación con Narváez fue nombrado presidente del Consejo de Ministros en 1853. Su gabinete caería con la revolución de julio de 1854.

San Miguel y Valledor, Evaristo (1785-1862). Militar y político español. Combatió en la Guerra de la Independencia y participó en el pronunciamiento de Riego. En el Trienio encabezó el cuarto ministerio constitucional y se hizo cargo de la Secretaría del Despacho de Estado. Exiliado en Londres tras la segunda restauración absolutista, volvió a España para combatir a los carlistas y destacó en la batalla de Mendigorría. Afín al partido progresista, en agosto de 1836, como capitán general de Aragón, apoyó el movimiento juntista que llevó a una nueva promulgación de la Constitución de 1812 en detrimento del Estatuto Real de 1834. Fue diputado en las Cortes constituyentes de las que salió la Constitución de 1837. Durante la regencia de Espartero (1840-1843) fue ministro de Guerra. Retirado de la vida política durante la Década Moderada (1844-1854), regresó a la vida política con la revolución de 1854 para presidir la Junta de Salvación que se constituyó en Madrid.

Santa Coloma, Dalmau de Queralt, conde de (-1640). Noble catalán, virrey de Cataluña entre 1638-1640. El acatamiento de las órdenes del conde-duque de Olivares relativas al alojamiento de las tropas en Cataluña le convirtió en odioso para los catalanes. Fue la principal víctima de los alborotos que tuvieron lugar en Barcelona el 7 de junio de 1640 («el Corpus de sang»), en el transcurso de los cuales fue asesinado.

Santa Hermandad. Cuerpo policial fundado por los Reyes Católicos en 1476 sobre la base de las Hermandades de las ciudades de Castilla. Su objetivo era salvaguardar el orden en el campo y facilitar la circulación por los caminos y proteger así el comercio. Constituyó un instrumento importante para el fortalecimiento del poder real y el mantenimiento de la justicia y el orden público. Con sede en Toledo, su órgano representativo era el Consejo de Hermandad.

Serrano y Domínguez, Francisco (1810-1885). Militar y político español. Tras participar en la Primera Guerra Carlista comenzó su actividad política formando parte de varios levantamientos liberales. Ministro de la Guerra en 1843 en el gobierno de Joaquín María López y senador desde 1845, apoyó a O'Donnell y a Prim en las revoluciones de 1854 y 1868 respectivamente. Regente del reino y jefe de gobierno al comienzo del Sexenio Revolucionario, durante el reinado de Amadeo I fue presidente del Consejo. Exiliado en Francia durante la I República, en 1874 regresa para ocupar la presidencia del ejecutivo y combatir a los carlistas. Tras aceptar a Alfonso XII, en 1882 fundó el partido de Izquierda Dinástica.

servil. Apodo acuñado por los liberales para designar de manera despectiva a los diputados que en las Cortes de Cádiz apoyaban la causa del absolutismo.

Sismondi, Jean Charles Leonard (1773-1843). Economista e historiador suizo. Criticó a los economistas liberales clásicos negando la armonía entre el interés individual y el colectivo.

soberanía. El principio de soberanía de un Estado se proyecta tanto al interior de la comunidad como al orden internacional. *Ad intra* hace referencia a la existencia de un poder final e ilimitado que rige una comunidad política. En el absolutismo, la soberanía se resumía en la figura del monarca como fuente y origen de todo poder político dentro del Estado. Las revoluciones burguesas precipitarán el cambio en la titularidad de la soberanía, que pasa del monarca a la nación, cuyos integrantes expresan su voluntad mediante elecciones periódicas. *Ad extra,* la soberanía supone la independencia del Estado frente a los demás como único sujeto con poder de decisión en el ámbito de sus competencias.

Sociedad del Anillo (o de los anilleros). Sociedad secreta de tendencia liberal surgida durante el Trienio Liberal en Madrid. Fundada por Martínez de la Rosa y presidida por el duque de Anglona, su ideario político, de carácter moderado, reivindicaba un sistema bicameral y el apoyo de Fernando VII para su causa liberal. Su emblema fue un anillo, de ahí que a pesar de que su verdadero nombre era «Los amigos de la Constitución» sus miembros fueron llamados «anilleros», nombre acuñado por los masones y los comuneros.

Soult, Nicolas-Jean de Dieu (1769-1851). Militar francés. Su destacada actuación en la batalla de Austerlitz (1805) le valió el título de mariscal. Durante la Guerra de la Independencia operó en Galicia y Madrid; a partir de la batalla de Ocaña (1809) pasó a Andalucía, donde conquistó Sevilla y Córdoba. Su progresión hacia Extremadura, con la intención de penetrar en Portugal, fue cortada por Wellington. Aunque apoyó el regreso de Napoleón, desempeñó varios cargos con Luis XVIII y Luis Felipe de Orleans.

Southey, Robert (1774-1843). Escritor británico, representante del romanticismo inglés. Coetáneo y amigo de Coleridge y Wordsworth, fue un gran amante de España y Portugal, y realizó varios viajes por la península. En 1823 publicó su *History of Peninsular War.*

Suchet, Louis-Gabriel, duque de la Albufera (1770-1826). Militar francés. Tuvo un papel destacado en la batalla de Austerlitz (1805). Enviado a participar en la Guerra de la Independencia, entre 1810 y 1812 conquistó para los franceses Lérida, Tarragona y Valencia. Su actuación le valió el título de mariscal. En 1814 se encargó de proteger a Fernando VII en su vuelta a España.

Talleyrand-Périgord, Charles Maurice (1754-1838). Eclesiástico y político francés. Siendo obispo de Autum cambió la carrera eclesiástica por la política. Fue ministro de Relaciones Exteriores en el Directorio, el Consulado, el Imperio y la monarquía restaurada de Luis XVIII, además de embajador en Londres bajo el reinado de Luis Felipe de Orleans. Entre sus misiones diplomáticas destacan su presencia en el Congreso de Viena (1814-1815) y en la firma de la Cuádruple Alianza entre Gran Bretaña, Francia, España y Portugal (1834).

Tatíschev, Dmitri Pavlovich (1767-1845). Diplomático ruso. Consejero privado de Alejandro I, fue enviado extraordinario del zar ante la Regencia (1812). Gracias a Antonio Ugarte logró entrar en la camarilla de Fernando VII. Tuvo una gran influencia en la política exterior de España de 1814 a 1820, en especial en su intento por incorporar al país a la Santa Alianza y en la polémica compra de barcos rusos que debían transportar al ejército español a América. Participó en el Congreso de Verona (1822), que autorizó la intervención militar en España para restaurar el absolutismo.

Toreno, José María Queipo de Llano Ruiz de Saravia, conde de (1786-1843). Político español. Participante en las Cortes de Cádiz como representante por Asturias, destacó en los debates sobre la desamortización y la extinción del régimen señorial, en los que apoyó las tesis liberales. Diputado a Cortes en el Trienio Liberal, vivió las dos restauraciones absolutistas en el exilio. Volvería a España en 1832 para desempeñar un papel destacado en el seno del moderantismo, primero como ministro de Hacienda en el gabinete de Martínez de la Rosa (1834), y después como presidente del Consejo de Ministros (1835). Su obra *Historia del levantamiento, guerra y revolución en España* le valdría ser nombrado académico de la Historia.

Ugarte y Lardizábal, Antonio (1780-1833). Político español. Agente de la embajada rusa y muy influyente en la camarilla de Fernando VII, fue el responsable de la polémica compra de barcos rusos para transportar tropas a América. En 1823 alcanzó una elevada posición en el Gobierno gracias a su labor como organizador de partidas realistas durante el Trienio Liberal. El recelo que suscitó su poder provocó que en 1825 fuese enviado a Cerdeña como embajador.

Vasconcellos, Miguel de (-1640). Político portugués. Nombrado por el conde duque de Olivares secretario de Hacienda del gobierno de Portugal (1634), la virreina Margarita de Saboya le ascendió a secretario de Estado (1635); en ambos puestos actuó como brazo ejecutor de la política española. Fue asesinado al estallar la guerra de separación de Portugal.

Velasco y Coello, Manuel (1776-1824). Militar español. Participó en la defensa de Zaragoza durante la Guerra de la Independencia. Combatió el alzamiento de Riego, aunque después se pasó al bando liberal. Capitán general de Extremadura y comandante general de Aragón durante el Trienio, fue perseguido por la restauración absolutista de Fernando VII, aunque murió por enfermedad.

Vidal, Joaquín (-1819). Militar español. En 1819, siendo coronel, intentó un pronunciamiento liberal con la intención de proclamar a Carlos IV rey constitucional de España. Fue descubierto y murió como consecuencia de una herida ocasionada al ser detenido.

Vigodet, Gaspar (1747-1834). Militar español de origen francés. Tras participar en la Guerra de la Independencia, fue nombrado gobernador de Montevideo en 1810, desde donde combatió la insurrección patriota, pero tuvo que capitular en 1815. De nuevo en España, fue capitán general de Castilla (1815-1820) y miembro de la regencia que en 1823 destituyó a Fernando VII, por lo que tuvo que marchar al exilio con la segunda restauración del absolutismo.

Villacampa, Pedro (1776-1845). Militar español. Durante la Guerra de la Independencia tuvo su campo de operaciones en Aragón, Cataluña y Valencia. Afín al liberalismo, pasó en prisión el primer período absolutista de Fernando VII. En el Trienio fue nombrado capitán general de Cataluña y en 1823 defendió Cádiz y Sevilla frente a los «Cien mil hijos de San Luis». Exiliado desde 1823, regresó a España diez años después para ser capitán general de Mallorca (1838) y senador por Huesca (1843).

Villel, Juan Antonio de Fivaller y Bru, marqués de (1758-1846). Militar español. Grande de España y gentilhombre de Cámara del rey, fue miembro de la Junta Central por Cataluña .

Wellesley, Richard Colley, marqués de (1760-1842). Político británico. Hermano del duque de Wellington, fue gobernador general de la India (1797-1805). En 1809 llegó a España como embajador para negociar un acuerdo contra Francia. Fue secretario de Asuntos Exteriores y lord lugarteniente de Irlanda.

Wellington, Arthur Colley Wellesley, duque de (1769-1852). Militar y político británico. Desde 1808 combatió contra las tropas napoleónicas en la península Ibérica desempeñando un papel esencial en el curso de la Guerra de la Independencia española. Tras protagonizar un papel defensivo, a partir de 1811 pasó a la ofensiva tomando Fuentes de Oñoro y La Albuera; en 1812 tomó Ciudad Rodrigo y Madrid, tras la victoria en la batalla de los Arapiles; en 1813 se impuso a las tropas francesas en Vitoria. Ya fuera de España, en 1815 obtuvo la victoria final contra Napoleón en Waterloo al frente de los ejércitos inglés y prusiano. Partidario de la restauración absolutista de Fernando VII, se mostró escéptico ante la actividad de los liberales españoles e incluso apoyó la intervención de los «Cien mil hijos de San Luis» para acabar con el Trienio Liberal.

Zayas, Antonio, marqués de (1766-1837). Militar español, teniente general afín al liberalismo.